DU SÉNAT

ET DE

LA MAGISTRATURE

DANS LA DÉMOCRATIE FRANÇAISE

PAR

E. LOURDAU

PARIS

LIBRAIRIE GERMER BAILLIÈRE ET Cie

108, BOULEVARD SAINT-GERMAIN, 108

Au coin de la rue Hautefeuille

1879

DU SÉNAT

ET DE

LA MAGISTRATURE

DANS LA DÉMOCRATIE FRANÇAISE

COULOMMIERS. — IMPRIMERIE PAUL BRODARD.

DU SÉNAT

ET DE

LA MAGISTRATURE

DANS LA DÉMOCRATIE FRANÇAISE

PAR

E. LOURDAU

PARIS

LIBRAIRIE GERMER BAILLIÈRE ET Cie

108, BOULEVARD SAINT-GERMAIN, 108

Au coin de la rue Hautefeuille

—

1879

DU SÉNAT

ET DE

LA MAGISTRATURE

DANS LA DÉMOCRATIE FRANÇAISE

CHAPITRE PREMIER

PROLÉGOMÈNES

Il est deux institutions contre lesquelles la démocratie française a de tout temps manifesté une singulière défiance : c'est, d'une part la magistrature, de l'autre ce dédoublement du pouvoir législatif (je me sers d'une expression consacrée plutôt que d'une expression exacte) qu'on appelle aujourd'hui le Sénat.

On l'a appelé durant un temps la Chambre Haute ou la Chambre des Pairs. Je l'appellerai de son nom logique : la Deuxième Chambre. La Première Chambre, selon l'ordre naturel, est celle qui est directement élue par la nation.

Je veux essayer de démontrer que ces fâcheuses défiances proviennent uniquement de circonstances momentanées et accidentelles et que les deux garanties les plus sûres d'une démocratie, telle que la démocratie française actuelle, sont la Magistrature et le Sénat. Dans ma conviction, si la démocratie a tant de fois sombré en France, c'est pour beaucoup parce qu'elle n'a jamais su organiser ces deux garanties indispensables de son existence.

Obscur citoyen, plus préoccupé d'études historiques, juridiques ou philosophiques que de politique, je n'ai point la prétention d'affirmer l'infaillibilité de mon opinion. Je l'expose simplement. Je suis le premier à solliciter une discussion sur ce que je considère comme une théorie, exacte sans doute, mais une pure théorie encore aujourd'hui.

Nous vivons malheureusement en un temp où s'agitent les opinions les plus diverses sur le système du gouvernement. Nous traversons une véritable trêve dont les conditions ne sont pas même toujours strictement observées. Nous savons que dans deux ans elle sera légalement rompue et que nos institutions seront alors discutées en leur entier. C'est une crise prévue. Tous les citoyens ont donc le droit de donner leur avis dès maintenant sur ce qui pourrait être fait alors. A ce titre, j'use de mon droit.

Bien que *ruminant* depuis plus de dix ans les mêmes idées spéculatives et arrivant toujours aux mêmes résultats logiques, je ne me crois pourtant point plus sage qu'un autre. Mais je me dis que dans le cerveau le plus humble peut germer une idée utile.

C'est dans cette pensée que je publie cette étude.

Avant d'aller plus loin, il est une profession de foi que je crois devoir proclamer nettement. Un fait à la fois matériel et moral me semble indéniable ; j'y ai foi : c'est que la France moderne (et par ce mot je remonte à 1789) est démocratique et que fatalement elle répudiera tout gouvernement qui ne sera pas démocratique. Une surprise, un coup de force, pourront la courber sous un autre régime. Elle sera comme un ressort qu'on peut faire céder momentanément, mais qui se redresse brusquement à la première occasion. C'est là, à mon avis, le secret de tant de révolutions dont on veut lui faire un grief.

C'est donc en me plaçant au point de vue de la démocratie, le seul qui convienne à la France actuelle, que j'ai toujours raisonné.

Je vais examiner successivement et aussi sommairement que possible ce que sont les Deuxièmes Chambres et la magistrature dans l'Europe actuelle, l'histoire de ces institutions chez nous depuis 1789, enfin leur état en France en ce moment. Cet examen critique sera presque forcément l'exposé de mes théories sur ces questions. Il ne me restera plus guère qu'à me résumer ensuite pour conclure.

CHAPITRE II

L'idée d'une Deuxième Chambre nous vient d'Angleterre. Les idées constitutionnelles que nous voyons dominer aujourd'hui dans presque toute l'Europe ne sont point le produit d'une étude théorique ou d'un effort de la raison humaine : elles sont nées de la vue de la constitution anglaise, dont les résultats pratiques ont semblé bons ; et la constitution anglaise est née elle-même de circonstances que l'on peut hardiment qualifier d'anormales.

Lorsque Guillaume eut conquis l'Angleterre avec ses Normands, il comprit qu'il ne pouvait la tenir qu'en intéressant fortement à la conservation du pays conquis ceux qui l'avaient aidé à s'en rendre maître. Pour cela, il dépouilla absolument les vaincus et distribua tout le sol à son armée. Les bouviers de Normandie devinrent ainsi des seigneurs terriens en Angleterre. Mais il arriva un moment où la postérité mâle du conquérant s'éteignit, et sa succession passa aux Plantagenet, déjà possesseurs de presque tout l'ouest de la France. Ceux-ci ne se faisaient point faute de dépouiller la nouvelle noblesse d'Angleterre, au profit de leurs vassaux du continent plus dévoués et qui ne les considéraient point comme des maîtres étrangers. Les barons anglais, à leur tour, profitèrent de la situation précaire de Jean sans Terre, à qui le roi de France avait enlevé ses possessions de terre ferme, pour en exiger la Grande Charte qui confirmait leurs priviléges.

Afin d'intéresser à leur cause les Anglo-Saxons conquis, ils stipulèrent très-subsidiairement quelques garanties en faveur des communes dans cet acte, qui devint la base du droit public anglais. Mais ils étaient loin de prévoir alors que ces communes obscures,

peuplées de serfs et de vaincus, sans puissance
et sans richesses, prendraient, au milieu de la
féodalité conquérante, le rang qu'elles occu-
pent aujourd'hui.

La constitution anglaise est donc avant tout
une constitution aristocratique, faite dans l'intérêt de l'aristocratie. La Chambre des Lords y
occupe le premier rang ; et la noblesse, par de
sages concessions, par son libéralisme et son
patriotisme, a su marcher toujours d'accord
avec la nation et conserver incontesté un prestige qu'on ne retrouve chez aucun autre peuple de l'Europe.

C'est ce que n'ont point compris en France
les copistes de la constitution anglaise. Ils
ont cru qu'on pouvait fabriquer du jour au
lendemain une aristocratie et la rendre nationale. Parce que le souverain d'Angleterre peut
créer des Lords qui se noient au milieu de la
Chambre Haute héréditaire comme une goutte
d'eau dans la mer, ils ont composé d'un seul
coup des Chambres entières selon leur bon
plaisir et se sont étonnés que ce soi-disant
pouvoir, qui ne représentait que le caprice

gouvernemental, n'eût aucune racine dans le pays, aucune influence sur la nation !

Dans les Iles Britanniques, la Chambre des Lords constitue une oligarchie d'hommes ayant un intérêt public identique à celui du reste du peuple anglais, mais ayant des intérêts privés distincts. Ils forment un ordre particulier et bien tranché dans l'État. De plus, voués par leur naissance et dès l'enfance à la politique, ils en font une étude spéciale et se consacrent entièrement aux intérêts du pays. Le devoir pour eux est inséparable du droit. Ils en ont conscience et sont assez habiles pour en convaincre la nation.

Presque partout ailleurs, ce qui a été imité de la Chambre des Lords n'a été en réalité qu'un ramassis de fonctionnaires d'une espèce particulière choisis par le gouvernement, le plus souvent même parmi d'autres classes de fonctionnaires, et destinés surtout à entraver les aspirations libérales de la Chambre élue par la nation.

Le régime constitutionnel a été défini l'alliance de la liberté et de la monarchie. Il s'est aujourd'hui imposé aux gouvernements comme une satisfaction nécessaire à donner aux peuples, comme un élément essentiel de progrès. Mais presque partout c'est la monarchie qui a fait elle-même la constitution, et naturellement elle a cherché à ne donner à la liberté que des droits plus apparents que réels. Pour cela, elle a voulu tenir la Deuxième Chambre dans sa main, et elle s'en est réservé la nomination.

Toutefois, dans les quelques pays où de vieilles traditions nationales obligeaient à compter avec l'aristocratie de race, où celle-ci était puissante et surtout nombreuse, l'aristocratie a pu choisir elle-même ses représentants dans une Chambre spéciale. Parfois aussi des membres héréditaires ont figuré dans ces assemblées. Quelquefois enfin tous ces systèmes ont été combinés et confondus.

Un autre système s'est produit en Belgique. Là, comme en Norwège, le pays sans roi a élaboré lui-même sa constitution monarchique. Il a rejeté le système d'une Chambre aristocratique, comme entaché de féodalité et anti-libéral; mais, prévoyant la possibilité d'un conflit entre le pouvoir exécutif et le pouvoir législatif, il a voulu avoir un troisième pouvoir, pour amortir le choc des deux autres.

En confier la composition à un roi que l'on allait choisir à l étranger paraissait dangereux à un peuple qui venait de combattre pour son indépendance et sa liberté. Le faire élire par la nation semblait un pléonasme, puisque lá nation devait déjà élire la Première Chambre. On se décida pour une aristocratie d'argent nommée par les plus fort imposés.

Ce n'était point illogique pour les Belges. Chez eux, les droits de suffrage et d'éligibilité ont pour base le chiffre des impôts payés par l'individu.

Ils y ont adjoint, il est vrai, ce qu'ils appellent les capacités ; mais le cens, bien que relativement peu élevé, n'en est pas moins la base de leur représentation nationale. Dans ce système, il était assez naturel de donner des garanties spéciales à ceux qui payaient le plus d'impôts. Mais cette constitution, toute libérale qu'elle soit, n'a rien de démocratique.

Elle crée des classes diverses de gouvernés et de gouvernants.

La Norwège n'a pas de Deuxième Chambre. Elle est restée fidèle au régime des Diètes, sortes d'États Généraux se réunissant à époques fixes pour voter le budget et les lois. Ce régime répond aux vieilles traditions nationales des pays scandinaves. Il n'y a pas si longtemps, du reste, que la Suède a renoncé à assembler annuellement ses quatre ordres des nobles, des prêtres, des bourgeois et des paysans, pour adopter le système des deux Chambres.

Je ne parlerai ici ni de la Russie ni de la Turquie, chez lesquelles le principe constitutionnel n'est pas encore sérieusement appliqué. Je ne m'occuperai pas non plus du mode de gouvernement de quelques principautés minuscules.

En somme, on voit que, dans toute l'Europe monarchique, les souverains ou les nations, en faisant leurs constitutions, ont plus ou moins copié ce qui était né en Angleterre d'une lutte de la noblesse contre la royauté. Deux peuples qui ont rédigé eux-mêmes leur constitution font exception à ce système qu'on peut appeler général : la Belgique, pays manufacturier, qui a confié le soin de sa tranquillité à son aristocratie industrielle et financière; la Norwège, population rude et laborieuse, chez laquelle la liberté existait déjà avec des institutions qui lui semblaient suffisantes pour son développement, et qui a profité d'un changement de dynastie que lui imposait l'Europe pour régler elle-même les conditions de son union avec le nouveau gouvernement.

Sa constitution est essentiellement libérale et même démocratique. Gouvernée par un souverain étranger, sans contact avec des voisins ennemis, elle se trouve géographiquement et politiquement dans des conditions exceptionnelles qui la mettent à l'abri des révolutions et des guerres. De même qu'elle a une politique à part, elle a un régime constitutionnel qui n'a rien de commun avec celui du reste de l'Europe.

Il semblerait que les Deuxièmes Chambres réputées aristocratiques et destinées à être les auxiliaires de la royauté dussent être inamovibles. C'est le seul moyen de leur donner quelque indépendance. C'est aussi ce qui a lieu presque partout. Cependant, par une exception logique, il n'en est point ainsi dans les pays où elles sont élues. En Belgique, en Hollande, en Roumanie, en Danemark, en Suède, le pouvoir exécutif peut dissoudre ou suspendre également les deux chambres. Dans certaines constitutions, il peut même les dissoudre séparément à son gré.

Si l'on sort des états monarchiques, on ne trouve, en dehors de la France, que la Suisse en Europe.

La Suisse est une confédération d'états d'origines et de races diverses, et sa constitution générale ne saurait pas plus s'appliquer à la France une et indivisible que les constitutions particulières de ses petits cantons soumis en même temps à la constitution fédérale, ne sauraient s'appliquer à un pays de trente-six millions d'habitants dégagé de toute suprématie extérieure.

Si je jette les yeux hors de l'Europe, je n'y trouve qu'un seul gouvernement digne d'attention : c'est la démocratique Union Américaine. Mais, comme la Suisse, les États-Unis sont une confédération d'états distincts, et c'est d'après cette idée de confédération qu'a été organisé leur puissant Sénat.

Si le chiffre de la population de chaque état détermine le nombre des députés qu'il envoie à la Chambre des Représentants, en revanche tous les états, quelle que soit leur importance, sont égaux pour nommer les membres du Sénat. La Seconde Chambre est avant tout la garantie de l'indépendance des états faibles contre les forts. C'est le lien de la confédération.

Nulle part, on le voit, n'existe un état identique à la France, un tout unique, libre de liens fédératifs, centralisé administrativement comme la plus autocratique monarchie, et cependant essentiellement démocratique, en dehors même de toute forme de gouvernement, par ses mœurs, son esprit, son code civil et sa loi politique fondamentale : le Suffrage Universel.

CHAPITRE III

Le régime judiciaire en revanche est à peu près dans toute l'Europe le même qu'en France. Les magistrats y sont les agents d'un ministère spécial, des fonctionnaires nommés, comme tous les autres fonctionnaires, par le gouvernement.

On leur a en beaucoup de pays accordé l'inamovibilité.

On a adressé, dans ces derniers temps notamment, bien des reproches à ce principe. On l'a surtout accusé de n'être qu'une garantie illusoire de l'indépendance des magistrats.

Sans doute l'inamovibilité ne peut arrêter les ambitions. L'avancement, avec l'organisation actuelle, reste la prime des amis du gouvernement, et, pour être des amis du gouvernement, certains magistrats oublient leurs devoirs. Ils rendent des services quand ils ne devraient rendre que des jugements.

Mais ce sont principalement les chefs qui ont eu et qui ont encore ces ambitions. Par cela même que c'est le gouvernement qui les a choisis, ils sont, et par leur position et aussi par leur caractère, des personnages politiques. Parfois aussi quand l'intérêt actuel leur fait défaut, la passion leur reste. La rancune dans certains cas mène plus loin que l'intérêt. Celui-ci du moins quelquefois peut raisonner juste.

Toutefois les chefs de la magistrature ont rarement occasion de décider seuls.

Que tout moyen de pression sur les autres magistrats leur soit enlevé, et parmi ceux qui ont les mêmes droits et la même autorité pour juger on trouvera en majorité des esprits justes et modérés auxquels il suffira de n'avoir point à redouter une disgrâce qui les priverait de leur pain pour que leur indépendance soit

réelle et absolue. La majorité sera alors assurée au droit et à la justice.

Rien d'ailleurs ne prouve mieux l'importance de l'inamovibilité que les efforts faits à
chaque changement de régime chez nous pour
substituer des magistrats nouveaux aux anciens. C'est, en dépit de tous les sophismes,
la constatation la plus formelle que le magistrat inamovible est libre maître de ses décisions et n'a pas à compter avec les désirs
du gouvernement. Cette liberté est une des
conditions nécessaires d'une bonne justice.

Maintenant, que l'on dise qu'il faille à la
magistrature d'autres garanties encore que
l'inamovibilité, on aura raison. Au point de
vue du recrutement, l'inamovibilité ne garantit
rien. Au point de vue de l'avancement, elle ne
sauvegarde aucun droit et n'empêche aucune
faveur. Il y a plus : l'irrévocabilité des choix
scandaleux en découle. Mais n'oublions pas
cependant qu'elle est le seul obstacle à la multiplicité de ces scandales. En somme, c'est un
principe essentiel de toute magistrature indépendante.

La constitution belge a été plus loin. Elle a voulu donner aux magistrats une garantie particulière. Elle leur a permis de désigner eux-mêmes au choix du gouvernement les candidats à l'avancement.

Malheureusement les compagnies sont rarement bons juges du mérite des leurs. L'ancienneté a peine à s'incliner devant le mérite. Les jalousies, les coteries, les membres de la famille à placer dans une corporation en quelque sorte fermée, sont autant de motifs d'influences fâcheuses. Certaines facultés de France se trouvaient autrefois dans une situation privilégiée analogue. Le second Empire la leur a enlevée pour des motifs peut-être politiques ; mais personne pourtant, après l'expérience faite, ne songe à la leur rendre.

La considération d'un corps dépend souvent moins d'ailleurs de son pouvoir légal que de sa puissance morale. Ainsi, bien qu'en Angleterre la magistrature soit entièrement à la nomination du pouvoir exécutif, on peut dire que nulle part elle n'occupe dans l'Etat un si haut rang. Cela tient surtout au respect pratique de son indépendance, que lui assurent ses propres mœurs comme les mœurs publiques, encore plus que les institutions politiques du pays. Aussi Hume a-t-il pu dire avec raison que tout l'édifice politique de la Grande-Bretagne n'avait qu'un but : la libre action des douze grands juges d'Angleterre.

Dans ce pays de liberté pratique, le rôle du pouvoir judiciaire n'est écrit nulle part, et cependant chacun a compris qu'il était la consécration et la plus forte garantie de toutes les libertés. La tradition a suppléé à l'insuffisance de la loi faite en des temps d'inexpérience, et le juge lui-même a conscience que sa première mission est de faire respecter les droits que la constitution assure à chacun.

En Suisse, dans beaucoup de cantons, les magistrats sont élus directement par le peuple.

Il en est de même aux États-Unis. Mais une autorité judiciaire supérieure nommée par le Sénat remplit en quelque sorte les fonctions unitaires que la cour de cassation exerce chez nous. La cour suprême a surtout pour mission politique d'empêcher les législatures particulières de déroger aux lois fondamentales de l'Union. Du reste tout juge, tout tribunal, peut refuser d'appliquer une loi qu'il signale comme illégale. Enfin le Sénat lui-même, dans certains cas, se transforme en cour judiciaire et interprète aussi la loi.

La magistrature dans ces conditions cesse d'être une des branches du fonctionnarisme administratif. Elle constitue alors, comme dans les républiques antiques, comme à Rome notamment, un véritable pouvoir particulier, indépendant du pouvoir exécutif : c'est le pouvoir judiciaire.

Mais on peut relever de graves objections contre le système électif des magistrats. Les juges élus ne le sont en général que pour un temps limité. Soumis à la réélection, il leur faut flatter les passions de la majorité par plus de condescendance encore qu'ils ne devraient en témoigner au Pouvoir Exécutif. En effet, une réélection comporte plus de chances fâcheuses que le simple maintien dans la fonction, et l'inamovibilité fait même disparaître les chances de ce dernier cas.

Les minorités ont dans ces conditions d'élection de sérieuses raisons de ne plus compter sur l'impartialité de la magistrature. C'est la protection de la loi enlevée aux partis vaincus.

Sans doute, dans nos tribunaux de commerce, les juges sont élus sans inconvénient par leurs justiciables mêmes ; mais il s'agit là d'une juridiction exceptionnelle, restreinte, portant sur une matière spéciale, indépendante de toute idée politique. Le recours à un autre tribunal autrement composé est d'ailleurs possible, dès qu'il s'agit d'intérêts un peu élevés.

C'est aussi ce qui a été établi aux États-Unis, comme correctif de l'élection populaire, par la création de la Cour Suprême et de « telles cours inférieures que le Congrès peut de temps en temps décréter et établir ». Les juges de ces cours sont inamovibles, car la constitution porte qu' « ils garderont leurs charges tant qu'ils se conduiront bien. »

CHAPITRE IV

Si l'on veut maintenant passer à l'examen de ce qui existe en France, il faut d'abord étudier les divers systèmes adoptés par l'Assemblée Nationale de 1789 et les pouvoirs constituants qui l'ont suivie, tant au point de vue d'une Deuxième Chambre qu'à celui de l'organisation de la magistrature.

Comme constitution, l'Assemblée ne trouvait rien d'établi. Le Parlement de Paris avait bien, le 3 mai 1788, fait une prétendue déclaration de principes, dont le véritable but était de proclamer « le droit des cours, de vérifier dans chaque province les volontés du roi et de n'en

ordonner l'enregistrement qu'autant qu'elles
sont conformes aux lois constitutionnelles de
la province ainsi qu'aux lois fondamentales du
royaume. » C'était admettre qu'il pouvait y
avoir autant de constitutions que de provinces.

Puis que représentait le Parlement? Un lit
de justice, relatif justement aux pouvoirs et à
la compétence des parlements, tenu à Versailles
cinq jours après cette déclaration, montra à
ses auteurs le cas qu'en faisait la royauté. Un
mois plus tard, huit parlements, dont celui de
Paris, étaient exilés. Ce dernier rentrait à peine
d'exil. Il n'en était revenu que le 20 septembre
précédent.

En réalité, la monarchie avait été jusque-là
une monarchie absolue. On avait, il est vrai,
jadis, dans quelques cas exceptionnels, con-
voqué le clergé, la noblesse et le tiers-état
pour en tirer des subsides extraordinaires.
C'était encore pour cela qu'on les avait réunis
en 1789. Mais aucune constitution du royaume
ne prescrivait de les réunir pour quoi que
ce fût.

Tel est notre bon plaisir [1] était la formule officielle du gouvernement.

Comme magistrature, l'Assemblée se trouvait en présence d'institutions antipopulaires.

Lorsque la féodalité s'était créée par l'effondrement de toute autorité centrale, le seigneur d'une terre y avait, en vertu de sa toute-puissance, tranché toutes les questions au criminel et au civil. La justice était devenue un droit de la propriété. Elle devait bientôt en être un démembrement. Mais les suzerains avaient vite compris quelle omnipotence pouvait leur donner sur leurs vassaux la décision suprême des questions judiciaires. Ils avaient créé le droit d'appel, c'est-à-dire le recours à leur juridiction supérieure, dans le cas où la première sentence ne satisfaisait pas les parties.

1. C'est la traduction en français de la formule *quia tale nostrum est placitum*, qui se trouve à la fin de toutes les vieilles chartes royales. Toutefois François Hotman, célèbre jurisconsulte et écrivain protestant du règne de Charles IX, prétend, dans son *Franco-Gallia*, sorte de cours de droit constitutionnel de la France à cette époque, que l'on doit traduire par : *car tel est l'avis de notre conseil*. En effet, *placitum* signifie souvent ce que nos pères appelaient les *plaids*, assemblées où l'on discute, d'où est venu le mot *plaidoyer*.

LOURDAU.   2

La royauté s'empressa d'adopter ce système, qui lui permettait d'étendre à son tour la main sur toutes les affaires du royaume. Tout vint se centraliser sous l'autorité royale.

Mais le principe des premières juridictions n'avait pas été aboli. Comme les fiefs pouvaient se subdiviser à l'infini, il en était de même des juridictions.

La justice royale avait elle-même quatre degrés, sans compter les justices d'exception, abusivement multipliées au point d'être partout. En admettant que la justice seigneuriale n'eût que deux degrés de juridiction, et elle en avait parfois davantage, en admettant que l'affaire ne pût point tomber à un tribunal d'exception, on était encore facilement exposé à subir six degrés de juridiction et à voir une instance civile durer un quart de siècle.

Dans les juridictions royales, le juge, quelle que fût la dénomination qui lui fût donnée, était quelque chose qui ressemblait assez à nos officiers ministériels d'aujourd'hui. Il achetait sa charge et se faisait payer à l'affaire. En dépit de tous les grands mots inventés par la vanité parlementaire, ce n'était en fait qu'une boutique à procès.

La vénalité des offices considérée comme une ressource financière avait fait multiplier ces charges fort recherchées des bourgeois qui aspiraient à s'élever à la noblesse. Elles leur en ouvraient le chemin. Mais, grâce à ces juridictions accumulées les unes sur les autres, grâce à la coutume de payer des *épices* à ses juges, les procès étaient ruineux et l'abord des tribunaux interdit aux pauvres.

Les cahiers des États Généraux demandaient partout la suppression de ces juridictions abusives, comme une des plus instantes réformes que commandât le bien du royaume.

En ce qui touchait les justices seigneuriales, qui n'étaient que des droits féodaux, l'Assemblée en faisait bon marché; mais il fallait reconstituer sur de nouvelles bases la justice royale, et ce fut un des sujets de discussion qui passionna le plus l'Assemblée. Beaucoup de membres réclamaient l'institution des jurés au civil, d'autres des tribunaux ambulants. On discutait sur les pouvoirs et le mode de nomination des juges. Il y avait en outre la question des parlements, qui touchait à une foule d'intérêts publics et privés.

Sous Louis XV, le chancelier Maupeou les avait supprimés et remplacés par des juges que nommait directement le roi, comme on le ferait aujourd'hui. Les épices étaient abolies. C'était, pour l'époque bien entendu, un incontestable progrès.

Mais le public n'y vit qu'un coup porté à l'indépendance du pouvoir judiciaire. C'est le propre des mauvais gouvernements d'être blâmés même en ce qu'ils font de bien. On les juge moins d'après leurs actes que d'après les intentions qu'on leur connaît ou qu'on leur prête. Malheureusement aussi, le nouveau personnel avait été mal choisi, et, pour se concilier les officiers ministriels d'alors, le nouveau parlement leur avait livré carte blanche. Aussi dans la séance du 11 août 1789, en posant la question de la réorganisation du système judiciaire, Mirabeau pouvait-il dire : « Tout le monde a connu ces tribunaux de Maupeou, qui devaient rendre gratuitement justice au peuple. On sait qu'il n'y eut jamais de temps où tous les suppôts de la chicane montrèrent plus de vivacité et de rapacité. »

Puis les Parlements n'étaient pas seulement, après le Conseil des Parties (sorte de Cour de Cassation), la plus haute juridiction du royaume; ils s'étaient arrogé le droit d'adresser à la royauté absolue des représentations contre ses édits et même d'en refuser l'enregistrement.

Cette prétention était ridicule de la part d'officiers ministériels qui ne représentaient absolument rien, si ce n'est le prix de leur charge. C'est à peu près comme si les avoués aujourd'hui s'opposaient à la promulgation des lois. Ils y auraient autant de droits que les anciens parlements. Mais, comme il n'existait aucun contrôle du bon plaisir royal, celui des parlements, tout illégal qu'il fût, était cher à quelques esprits, comme une dernière ombre de liberté. C'était là surtout ce qu'avait voulu frapper Maupeou dans l'intérêt de l'omnipotence de la royauté.

Cependant, mal conseillé par le frivole Maurepas, Louis XVI, à son avènement au trône, avait commis la faute de rétablir les anciens parlements, et les parlements, qui lui devaient ainsi l'existence même, s'étaient empressés de provoquer la tempête où devait sombrer la royauté. Toutefois, en voyant qu'elle menaçait d'emporter leurs propres privilèges avec le reste, leur turbulence brouillonne s'était tournée d'un autre côté. Ils avaient fait taire leurs mesquines jalousies contre la cour et s'étaient rangés parmi les adversaires les plus furieux de cette Révolution dont ils avaient été les plus enragés promoteurs.

Les Constituants ont fait bien des fautes ; mais il convient de leur tenir compte de leur inexpérience. Comme théories, comme idées, ce furent des hommes d'une valeur et d'une honnêteté exceptionnelles. Ils obéissaient avant tout au sentiment du juste ; une foi sincère, un profond enthousiasme les enflammaient. Il ne faut pas même les accuser de présomption pour avoir tenté, avec les seules forces du raisonnement, d'arriver à la solution d'une des plus graves questions qui puissent agiter le monde, la rénovation d'une société. Ils ne se dissimulaient point les obstacles contre lesquels ils auraient à lutter ; mais la grandeur du but les soutenait et doublait leur courage.

En ce qui touchait les parlements, les Constituants, dans leur logique, ne comprenaient pas que le droit presque divin de rendre la justice s'achetât comme un fonds de commerce ; mais, d'un autre côté, ils voulaient faire du juge plus qu'un employé du pouvoir exécutif : ils voulaient lui garantir une indépendance absolue. Le système Maupeou n'était soutenu que par le parti de la cour.

Ouvrant trop tard les yeux, la royauté avait essayé d'y revenir par une voie détournée. Par plusieurs édits et notamment par celui du 8 mai 1788, dont s'est évidemment inspiré plus tard la Constituante, il avait été institué des juridictions nouvelles. Les parlements n'avaient été conservés que pour les affaires de plus de 20,000 livres. Une Cour Plénière, bizarrement composée par le pouvoir exécutif, devait alors les remplacer dans celles des attributions politiques qu'ils s'arrogeaient. Mais cet édit était resté une lettre morte et n'avait fait que rendre plus ardente la lutte des corps judiciaires et de la royauté. De ce conflit même éclata la Révolution. Elle était le fruit fatal, mûri pendant deux règnes, des prétentions politiques des parlements, et ceux-ci en furent encore l'occasion.

Non point qu'ils eussent la force de faire surgir un fait historique aussi considérable. La Révolution était dans tous les esprits et se fût accomplie sans ces pygmées; mais, par le bruit qu'ils firent autour de leurs misérables personnalités, par l'assaut constant qu'il donnèrent durant toute cette période au pouvoir dans l'unique intérêt de leur égoïsme, par leurs capitulations, leurs retours en arrière, le désaveu de leurs propres doctrines, ils excitèrent tant de passions, envenimèrent tellement la lutte et apprirent tellement au peuple à se défier de ses amis les plus apparents, que cette Révolution, qui était admise par tous, qui eût pu se faire légalement et sans secousses, fut dès le premier jour portée aux violences dont le souvenir effraye encore une partie de ceux mêmes qui en ont le plus profité.

Avant que la Convention eût décrété la Terreur, l'esprit public avait décrété la défiance. L'une ne fut que la conséquence de l'autre; et la défiance naquit surtout de l'attitude des parlements. Après avoir lancé contre la royauté le tiers-état dont, malgré leurs prétentions grotesques, ils faisaient partie, on les avait vus déserter et trahir la cause du tiers-état. C'est qu'en réalité ils n'avaient jamais prétendu qu'à confisquer la royauté à leur profit personnel.

CHAPITRE V

LA MAGISTRATURE SOUS LA PREMIÈRE RÉPUBLIQUE

La Constituante pensa que le seul moyen de rendre le pouvoir judiciaire indépendant était de le faire élire par la nation. C'était le duc de Larochefoucaud qui en avait le premier posé la demande. En conséquence les juges des nouveaux tribunaux institués : de paix, de district, et même de cassation, furent nommés d'après les articles suivants de la Constitution de 1791 :

« Le pouvoir judiciaire est délégué à des juges élus à temps par le peuple. » (Titre III, Des pouvoirs publics, article 5.)

« La justice sera rendue gratuitement par des juges élus à temps par le peuple et institués par lettres patentes du roi, qui ne pourra les refuser. Ils ne pourront être destitués que pour forfaiture dûment jugée, ni suspendus que sur une accusation admise. L'accusateur public sera nommé par le peuple. » (Chapitre V, Du pouvoir judiciaire, article 2.)

L'accusateur public dont il est question ici, n'était pas le parquet ou le ministère public, tel que nous l'entendons aujourd'hui, avec son rôle d'administrateur judiciaire avant tout. Celui-ci, qui portait le titre de commissaire du roi, était nommé par le pouvoir exécutif et dépendait du ministre de la justice. Cette dépendance était du reste illusoire ; car, aux termes du décret du 8 mai 1790, les commissaires du roi étaient institués à vie et ne pouvaient être révoqués que pour forfaiture. En réalité, c'était l'inamovibilité donnée au ministère public, tandis qu'elle était enlevée au juge, qui n'était élu que pour un temps assez court.

Je n'entrerai pas ici dans le détail des institutions judiciaires de cette époque. C'est de la magistrature et de la magistrature assise surtout que je m'occupe dans cet essai. Cependant il est dispensable de faire connaître sommaire-

ment les juridictions auxquelles étaient attachés les nouveaux juges.

Le décret du 4 mai 1790 avait déjà fixé à
six années la durée des fonctions de magistrature et créé un tribunal dans chaque district.
Toutefois les juges de cassation, aux termes du
décret du 1ᵉʳ décembre 1790, n'étaient élus
que pour quatre ans. L'Assemblée devait tirer
au sort les départements qui chacun éliraient
un juge du tribunal de cassation.

Il n'y avait qu'un tribunal criminel par département. Ce tribunal ne se composait à vrai
dire que d'un président, que venaient assister
des juges de district qui primitivement chan-
geaient tous les trois mois. Un accusateur public,
remplissant le rôle d'avocat de l'accusation, un
commissaire du roi et un greffier étaient attachés au tribunal criminel. Il ne jugeait
qu'avec l'assistance de jurés.

Au mois d'octobre 1792, les commissaires
du roi près les tribunaux criminels furent supprimés. L'accusateur public héritait de leurs
fonctions.

Cette organisation des tribunaux criminels

subsista, avec d'insignifiantes modifications,
usqu'au code d'instruction criminelle de 1808,
qui institua les cours d'assises.

Les délits correctionnels étaient jugés par
ses juges de paix, assistés de deux des quatre
prud'hommes-assesseurs que les électeurs leur
nommaient, ou bien par plusieurs juges de
paix, dans les villes où cela était possible.
L'appel des jugements correctionnels était
porté devant le tribunal de district.

L'appel des jugements civils avait été main-
tenu ; mais les juges de district étaient juges
d'appel à l'égard les uns des autres. On avait
craint que des tribunaux supérieurs ne fussent tentés de jouer le rôle des Parlements.

Il fallait remplir certaines conditions pour
pouvoir être élu magistrat.

Mais, le 22 septembre 1792, la Convention
ordonna que tous les magistrats sans exception
seraient réélus, et que le peuple pourrait
choisir qui bon lui semblerait, sans aucune
condition d'âge ou de capacité.

La constitution du 24 juin 1793 ne conserva de la justice civile que les juges de paix

et le tribunal de cassation. Les tribunaux de district furent remplacés par des arbitres publics. Tous les juges sans exception et les arbitres publics ne furent plus nommés que pour un an. Des électeurs spéciaux pris à raison de un par deux cents citoyens ayant droit de vote dans les réunions primaires étaient chargés de ces nominations.

La constitution de l'an III en revint à peu de chose près au système de la Constituante. Mais elle eut le tort immense de ne pas mettre la justice civile assez à la portée des justiciables.

Elle conserva le tribunal de cassation, le tribunal criminel par département, qui devint tribunal d'appel en matière correctionnelle, enfin les justices de paix. Les plaideurs eurent toujours le droit de se faire juger par des arbitres de leur choix : mais, hors de ce cas et celui d'affaire commerciale, ils durent, après tentative inutile de conciliation devant le juge de paix, aller pour les affaires de quelque importance devant l'unique tribunal civil du département. Les tribunaux civils étaient juges d'appel les uns des autres et juges d'appel, dans certains cas, des décisions arbitrales et des jugements des tribunaux de commerce et de paix.

Il y avait en outre de trois à six tribunaux correctionnels par département. Ils se composaient d'un président pris parmi les juges civils et de deux juges de paix ou assesseurs. Le Directoire Exécutif nommait auprès d'eux un commissaire amovible. On rétablissait du reste les commissaires dans les mêmes conditions auprès de toutes les juridictions, même du tribunal criminel, qui conservait cependant son accusateur public.

Les tribunaux civils avaient vingt juges, dont quatre étaient pendant six mois assesseurs du président du tribunal criminel. Les juges civils élisaient entre eux leur président.

Les juges de paix étaient élus pour deux ans, les autres juges pour cinq ans. Le tribunal de cassation était renouvelé par cinquième tous les ans. Tous les magistrats étaient rééligibles.

Tels furent, à l'égard de la magistrature, les systèmes de la période dite révolutionnaire.

La magistrature devint un pouvoir populaire entièrement indépendant des pouvoirs exécutif et législatif et n'eut absolument aucune influence sur la marche des affaires politiques.

C'était ce qu'avaient cherché surtout les Constituants. Effrayés des prétentions des anciens Parlements, ils n'avaient pas même voulu créer des tribunaux spéciaux d'appel, de peur que ceux-ci ne prissent quelque influence en dehors de leurs attributions judiciaires. Il avait fallu le besoin d'unité de jurisprudence, réclamée par la France entière, pour qu'ils se décidassent à instituer le tribunal de cassation, contre le prétendu despotisme duquel toutes sortes de précautions avaient été prises. Ils n'avaient pas même osé donner à ses membres la durée de fonctions accordée aux juges de district !

Nous verrons encore bien des fois, dans cette étude, l'organisation des institutions dépendre moins de leur rôle logique que de la réaction contre le passé. On ne se préoccupait que de tel inconvénient dont on venait de subir les conséquences, sans examiner si l'on ne s'exposait pas à des maux cent fois pires.

Certes il serait bien difficile aujourd'hui d'affirmer que l'organisation d'une sérieuse magistrature et d'un sénat national, composé par exemple des membres de l'ancienne Constituante, eût eu telle ou telle influence sur la marche de la Révolution. Mais ce qui est certain, c'est que l'absence de ces deux institutions (car la magistrature à proprement parler ne comptait pas) facilita singulièrement les violences de toutes les factions et, par la lassitude qui s'ensuivit, aida moralement au succès de toutes les révolutions qui se succédèrent pendant dix ans.

Les historiens de tous les partis sans exception, qui se sont occupés de la question judiciaire à cette époque, sont d'ailleurs unanimes à déclarer que cette magistrature laissait beaucoup à désirer; et ce qui le prouve, c'est son annihilation manifeste, son manque radical non seulement d'influence, mais encore de rôle quelconque, au milieu des événements. L'histoire le constate par son silence même au sujet d'une institution qui avait tant passionné les débuts de la Révolution.

J'ai dit plus haut quels inconvénients peut avoir le système électif des magistrats. Il convient d'ajouter ici que les hommes de loi appartenaient en général à l'ancien régime et se cachaient, que les écoles de droit étaient fermées, et que l'insuffisance des juges, choisis au hasard ou parmi ce qu'on appelle les agents d'affaires, pouvait être aussi pour beaucoup dans leur discrédit.

Je sais bien que l'on trouve encore des ignorants intrépides qui s'imaginent qu'il suffit d'avoir du sens commun pour être un bon juge. Cette opinion ne prouve en aucune façon qu'ils en aient. Ce serait en ce cas une profession exceptionnelle, la seule que l'on pourrait exercer sans apprentissage et sans étude. Cependant les contrats les plus simples ont des règles qui varient selon la législation et le génie de chaque nation. Ces règles sont ce qu'on appelle la loi, résultat de l'expérience et de la volonté générales. La loi ne s'est pas établie sans discussion, ce qui montre qu'elle a nécessité et des travaux spéciaux de raisonnement abstrait et des études pratiques. Comment un individu, quelque intelligent qu'on le suppose, pourrait-il à lui tout seul résumer instantanément, sans travail et sans étude, la sagesse et l'expérience de tout un peuple et souvent de plusieurs siècles?

D'autres encore prétendent amender la loi et y substituer leur opinion particulière sans prétexte d'équité. Ce qu'on appelle de ce nom le plus souvent n'est que l'outrecuidance, l'ignorance et la sottise privée mises à la place de la loi, qui est la volonté sage et raisonnée de la nation.

Dieu nous garde des juges équitables !

CHAPITRE VI

La Constitution de 1791 plaçait directement
en présence le pouvoir exécutif et le pouvoir
législatif sans aucun intermédiaire entre eux.

Vainement Lally-Tolendal, dans la séance du
19 août 1789, avait-il démontré les inconvénients de ce système ; vainement avait-il in-
sisté pour qu'un pouvoir qu'il qualifiait volontiers de *judiciaire* et auquel il donnait parfois le nom de *magistrature* existât entre les
deux autres et en amortît les chocs inévitales ;
vainement avait-il prédit que, « faute de ce
Sénat, » l'un des deux pouvoirs opprimerait
bientôt l'autre et amènerait inévitablement

une révolution ; la difficulté de composer cette seconde Chambre, plus encore que toute autre considération, avait arrêté l'Assemblée.

Mirabeau et Thouret s'étaient vivement opposés à ce qu'ils considéraient comme le retour à la division des ordres et la reconstitution d'une aristocratie privilégiée. De leur côté, les membres hostiles à la Révolution n'admettaient pas une Deuxième Chambre qui n'eût pas représenté exclusivement la noblesse et le clergé. La majorité de la noblesse ne voulait pas davantage que quelques grandes familles, en constituant une pairie héréditaire, s'élevassent sur ses débris. Enfin nul n'admettait que le roi pût choisir lui-même les membres d'une assemblée considérée comme une portion de la représentation nationale, et, pouvoir exécutif, se mêler de la composition du pouvoir législatif. Dans tous les partis, mais par des motifs différents, il y avait entente pour repousser une division du pouvoir législatif et la création d'une Deuxième Chambre.

Seul ce qu'on appelait le parti anglais, parce que ses membres invoquaient sans cesse l'exemple de l'Angleterre, insistait sur cette idée qu'il considérait comme la sauvegarde de la constitution. A toutes les objections, il répondait qu'il ne voulait qu'une assemblée de deux cents membres environ, qui pourraient être nommés à vie par le roi, parmi des candidats que lui présenterait le vote populaire, ou par tout autre moyen analogue ; que cette assemblée, en admettant qu'elle fût rétrograde, encourrait la responsabilité du *veto* que l'on allait placer directement aux mains du pouvoir exécutif, en admettant qu'elle fût libérale, forcerait invinciblement la main à ce pouvoir ; tandis que l'on allait user tous les ressorts du gouvernement à des conflits directs qui exaspéreraient toutes les passions et précipiteraient le pays dans l'abîme.

La lutte était trop violemment engagée dès ce moment entre la démocratie et l'aristocratie pour que ce sage langage fût entendu, et d'ailleurs, comme je viens de le dire, le côté droit de l'Assemblée venait fortifier l'autre côté extrême dans son refus de constituer une seconde Chambre. Enfin, tout ce qui n'était pas

l'émanation directe du suffrage national semblait un privilège dangereux pour la liberté.
L'Assemblée crut être logique en refusant de
diviser le pouvoir législatif. C'était l'époque où
l'on disait : Périssent les colonies plutôt qu'un
principe ! L'Assemblée maintint celui de l'unité
de la représentation nationale, au risque de
toutes les catastrophes. On sait qu'elles ne fail-
lirent point à arriver.

La constitution du 24 juin 1793 fut une réaction contre la royauté qui venait de succom-
ber. Tout le gouvernement passait aux mains
d'un corps législatif unique, directement élu
par la nation, qui rendait des décrets d'administration publique et proposait des lois sur
l'acceptation desquelles votaient tous les citoyens, comme cela a lieu encore actuelle-
lement en Suisse.

Le pouvoir exécutif, à peu près annihilé, se
composait de vingt-quatre membres choisis
par le corps législatif sur une liste de candidats
où chaque département avait inscrit un nom.
Ce nom était désigné par des électeurs spéciaux
élus eux-mêmes par l'universalité des citoyens.

Un décret des 12-13 germinal an II remplaça ce conseil exécutif par douze commissions.

La constitution du 5 fructidor an III fut à son tour une réaction contre les idées qui avaient inspiré la constitution précédente. Comme celle de 1791, elle n'admettait le vote pour la nomination du corps législatif qu'à deux degrés. De plus, elle voulait qu'à partir de l'an XII les jeunes gens ne pussent être inscrits sur le registre civique s'ils ne prouvaient qu'ils savaient lire et écrire et qu'ils avaient une profession, loi sage s'il en fut, mais qui ne fut pas mise à exécution, parce que la constitution périt au commencement de l'an VIII.

Faite à une époque où l'on se préoccupait surtout des entraînements du pouvoir législatif et de ses empiètements sur la puissance exécutive, elle divisa, pour l'affaiblir, le corps législatif en deux Conseils, celui des Cinq-Cents, proposant après délibération et discussion des *résolutions* au conseil des Anciens, et celui des Anciens, convertissant en *lois* ces résolutions, également après délibération et discussion.

Le Conseil des Anciens n'était point à proprement parler un Sénat. Il n'y avait en réalité qu'une même assemblée, ayant la même origine, mais partagée en deux sections ; l'une proposait, l'autre ratifiait : chacune des sections avait son rôle déterminé.

De même, les deux Conseils participaient à la nomination du pouvoir exécutif. Celui-ci se composait de cinq membres élus à temps, mais irrévocables. Le Conseil des Cinq-Cents proposait une liste décuple des membres à nommer ; le Conseil des Anciens choisissait et nommait dans cette liste.

Le Conseil des Cinq-Cents n'avait aucune décision ; celui des Anciens, aucune initiative, sauf celle de changer la résidence du corps législatif. Cette dernière disposition, édictée dans la crainte de voir se renouveler ce qu'on avait appelé les *journées* sous la Convention, facilita le coup d'état du 18 brumaire. J'ai déjà eu occasion de faire remarquer combien, en s'effrayant outre mesure d'un péril passé, on se précipite souvent tête baissée dans un autre. Une constitution ne saurait être un ensemble de mesures de circonstance, mais le résultat de l'examen froid et calme des besoins d'une société.

En rendant plus difficiles les empiètements d'un pouvoir sur l'autre, la constitution de l'an III réalisait un notable progrès. Elle évitait beaucoup d'occasions de conflit. Le droit de *veto*, qui avait été si fatal à la royauté, passait en fait à une fraction du pouvoir législatif. Une fois nommé, le pouvoir exécutif devenait indépendant du pouvoir législatif, mais il ne pouvait intervenir dans les attributions de celui-ci.

Cependant cette constitution fut féconde en orages et ne subsista que quelques années.

C'est qu'en réalité il n'y avait toujours que deux pouvoirs en présence. Les deux Conseils ne constituaient qu'un seul pouvoir et ne représentaient qu'un même principe. Issus de la même source, se renouvelant aux mêmes époques et de la même façon, ils suivaient fatalement la même impulsion. Ils marchèrent toujours de concert et du même pas. Au 18 fructidor, ils se laissèrent surprendre et écraser par le pouvoir exécutif. Au 30 prairial ils le renversèrent.

Sans parler des royalistes, ennemis par nature de cette œuvre de la Convention, l'instabilité des pouvoirs constitutionnels, l'absence d'une institution pondératrice, la crainte d'un conflit perpétuel, les coups d'état des deux pouvoirs rivaux, avaient dégoûté de cette constitution sans cesse compromise bien des hommes qui tenaient fortement à la Révolution menacée, comme aussi ceux qui voulaient avant tout le calme et la sécurité. Malgré son origine illégale, le 18 brumaire n'apparut d'abord que comme une égale suppression de deux pouvoirs sans cesse en lutte, un incident qui amenait la fin de leur éternel conflit. C'est ce qui explique son succès auprès des masses. Les royalistes et quelques politiques du parti républicain furent les seuls qui en comprirent tout de suite la portée et qui l'attaquèrent dès le début.

On m'objectera sans doute ici qu'un Sénat même fortement constitué n'eût pu arrêter le 18 brumaire. Ce n'est pas ainsi qu'il faut poser la question. Il faut se demander préalablement si l'occasion d'un coup d'état fût née sous une constitution où le coup d'état n'eût pas été presque une condition d'existence, une sorte d'habitude quotidienne ; ou, par exemple, au lieu de se disséminer pour un temps dans les Conseils, les ex-conventionnels qui avaient fondé la République se fussent constitués en un corps puissant, ayant dans sa main pour auxiliaire le pouvoir judiciaire, tenant partout la balance égale entre tous les partis, mais en imposant par son énergie à ceux qui eussent été tentés de devenir les perturbateurs de l'ordre public ?

Ce furent la faiblesse mutuelle et la rivalité des deux seuls pouvoirs existant alors qui excitèrent à les renverser du même coup ; cela faisait le jeu d'un troisième larron.

Qui eût songé à un 18 brumaire sous un gouvernement bien assis ?

CHAPITRE VII

Le véritable instigateur du 18 brumaire
était l'abbé Sieyès, que les Conseils avaient
porté au Directoire dans un jour de lutte. Il
est curieux de remarquer que deux autres dé-
froqués, Fouché et Talleyrand, qui devaient
être si funestes à Napoléon en 1815 et en 1814,
s'étaient mêlés aussi de cette conspiration, où
le pouvoir exécutif avait conspiré contre lui-
même.

Sieyès n'avait voulu s'emparer du pouvoir
que pour faire promulguer une constitution
qu'il avait vainement essayé de faire prévaloir
auprès de la Convention après le 9 thermidor.
C'était surtout par haine d'auteur éconduit

qu'il avait détruit l'œuvre de l'an III. Une révolution lui avait semblé chose toute naturelle du moment qu'il s'agissait de la satisfaction de son amour-propre !

Sa constitution, que personne n'avait encore vue, mais dont tout le monde parlait, passait dans le public pour un chef-d'œuvre. Du premier coup d'œil, le nouveau chef du gouvernement la jugea à sa véritable valeur. Cependant, comme il voulait avant tout un pouvoir exécutif omnipotent, et comme le projet de Sieyès annihilait la représentation nationale, il fit à son collègue du consulat la grâce d'adopter quelques-unes de ses idées.

Je vais donc être obligé de dire quelques mots de cette constitution inédite, dont celle de l'an VIII s'est manifestement inspirée pour tout ce qui ne concerne pas le pouvoir exécutif.

Sieyès avait avant tout peur des révolutions, qu'il avait vues se succéder depuis une dizaine d'années. L'homme qui se félicitait d'avoir su vivre sous la Terreur ne songeait plus qu'à immobiliser la société au risque d'enrayer tout progrès. Sa constitution est une vraie constitution vénitienne. Elle est conçue contre tout mouvement. Elle suppose tout parfait et ne prévoit ni interpellation ni réclamation contre les abus du gouvernement. La loi seule, mais non son application, pourra être l'objet de l'examen des assemblées.

Sieyès admettait le suffrage universel, mais avec tant de degrés qu'il l'énervait complètement. Le chef de l'Etat, décoré du nom de *Proclamateur-Électeur*, nommait à tous les emplois, mais il ne pouvait choisir les fonctionnaires, selon leur grade ou la nature de leurs fonctions, que dans les diverses listes d'éligibilité dressées par les électeurs du premier, du deuxième ou du troisième degré. La radiation de ces listes devenait en fait une véritable destitution pour l'élu du Proclamateur-Électeur.

Le chef du pouvoir exécutif avait au-dessous de lui deux consuls, l'un de la paix, l'autre de la guerre; mais c'étaient ceux-ci qui dirigeaient réellement le gouvernement.

Ils faisaient présenter les lois devant un *Corps Législatif* muet par un *Conseil d'Etat*

de cinquante membres, composé des ministres et des chefs d'administration. En face
du Conseil d'Etat se trouvait un *Tribunat* de
cent membres, chargé de critiquer les projets
du gouvernement et de représenter les intérêts du peuple. .

Au-dessous du Corps Législatif était le *Jury
Constitutionnaire*, tribunal de cassation politique, composé de deux cents membres ne
pouvant exercer aucune autre fonction politique, corps incapable d'agir, se recrutant lui-
même, et pouvant annihiler par cette absorption
toute personnalité qui lui semblait dangereuse
pour la tranquillité de l'Etat.

En résumé, ce système tendait surtout par
la multiplicité des rouages à éviter les commo-
tions politiques.

La constitution de l'an VIII en prit le Corps
Législatif muet, le Conseil d'Etat, le Tribunat
et le Jury Constitutionnaire, qui devint le
Sénat Conservateur.

Le Sénat perdait son droit d'absorption,
mais il se recrutait lui-même sur des listes de
candidats présentés par le Corps Législatif, le

Tribunat et le Premier Consul. Toutefois il ne pouvait choisir que parmi les candidats proposés, et si les trois autorités présentantes s'étaient accordées entre elles elles imposaient leur choix.

Le Sénat élisait les membres du Corps Législatif, du Tribunat, du tribunal de cassation, les commissaires à la comptabilité et même les Consuls. C'était le plus haut pouvoir de l'Etat.

Son rôle législatif se bornait à maintenir ou à annuler les actes qui lui étaient déférés comme inconstitutionnels par le gouvernement ou par le Tribunat. Les listes d'éligibilité, dans lesquelles devaient être pris tous les membres et tous les agents du gouvernement, étaient comprises parmi ces actes.

En l'an X, le Sénat obtint en outre le droit de régler par des sénatus-consultes dits *organiques* : 1° la constitution des colonies; 2° tout ce qui n'était pas prévu par la constitution et était nécessaire à sa marche; 3° l'interprétation des articles de la constitution. Il put suspendre les jurés dans les

départements, mettre les départements hors
de la constitution, déterminer le temps dans
lequel les conspirateurs arrêtés par ordre du
gouvernement devraient être déférés aux
tribunaux, *annuler les jugements des tribunaux attentatoires à la sûreté de l'Etat*,
dissoudre le Corps Législatif et le Tribunat.

On le voit, le Sénat tendait à devenir pour
le pouvoir exécutif un appui contre le pouvoir
législatif et même contre le pouvoir judiciaire. On le plaçait en quelque sorte au-dessus
de la constitution. Mais, par précaution, on ne
lui permettait plus de se recruter que sur la
présentation du Premier Consul, et celui-ci
avait en outre le droit de nomination directe
d'un tiers de ses membres. Enfin les sénateurs
pouvaient devenir hauts fonctionnaires du
gouvernement, ce qui diminuait encore leur
indépendance.

Le sénatus-consulte organique de l'an XII
(1804), qui organisa l'Empire, ne modifia
guère le Sénat. Il y fit entrer de droit les
princes français et les grands dignitaires de
l'Empire, donna à l'Empereur le choix du

président et institua les deux commissions sénatoriales de la *liberté individuelle* et de la *liberté de la presse*, qui devaient en théorie empêcher tous les abus.

La presse n'en fut pas moins muselée, et il parut le 3 mars 1810 un décret impérial instituant huit prisons d'Etat, où il fut loisible de détenir au gré de Sa Majesté tous les individus qu'il n'était prudent ni de laisser en liberté ni de faire juger par les tribunaux. C'est de l'une d'elles que sortait le général Mallet, ce conspirateur unique, qui pendant la campagne de Russie faillit à lui tout seul renverser l'empire de Napoléon.

Le 19 août 1807, un sénatus-consulte supprima le Tribunat, déjà réduit précédemment à cinquante membres au lieu de cent. Comme il fallait cependant un semblant de discussion, le Corps Législatif nomma trois commissions de sept membres chacune, selon la nature des lois proposées, pour examiner et discuter devant lui les projets élaborés par le Conseil d'Etat.

Le pouvoir législatif était complètement annihilé à cette époque. Le Corps Législatif n'avait pas le droit de proposer les lois; il ne pouvait que les voter sans prendre part à leur discussion. Il ne pouvait pas non plus interpeller le gouvernement sur ses résolutions ou sur ses actes. Nommé par le Sénat sur une liste de candidats dressée par un mécanisme compliqué dans chaque département, il ne représentait que très-indirectement des électeurs élus eux-mêmes en nombre restreint, auxquels venaient s'adjoindre pour la désignation des candidats les membres de la Légion d'Honneur et des individus « ayant rendu des services », désignés arbitrairement par le gouvernement.

Voici du reste l'opinion que formulait à cet égard en 1808 Napoléon lui-même.

En l'absence de l'Empereur, alors en Espagne, l'Impératrice avait reçu les félicitations du Corps Législatif à propos de la prise de Burgos et avait remercié de cette démarche « le corps qui représente la nation ». Napoléon considéra cette expression comme une atteinte à ses prérogatives et s'empressa de la démentir dans le journal officiel d'alors.

« ...... L'Impératrice n'a point dit cela. Elle connaît trop bien nos constitutions. Elle sait trop bien que le premier représentant de la nation, c'est l'Empereur, car tout pouvoir vient de Dieu et de la nation. Dans l'ordre de nos constitutions, après l'Empereur est le Sénat ; après le Sénat est le Conseil d'Etat ; après le Conseil d'Etat est le Corps Législatif, après le Corps Législatif chaque tribunal et fonctionnaire public dans l'ordre de ses attributions : car, s'il y avait dans nos constitutions un corps représentant la nation, *ce corps serait souverain. Les autres corps ne seraient rien*, et ses volontés seraient tout.

. . . .

« Ce serait une prétention chimérique et même criminelle que de vouloir représenter la nation avant l'Empereur.

« Le Corps Législatif, improprement appelé de ce nom, devrait être appelé *Conseil* Législatif, puisqu'il n'a pas la faculté de faire des lois, n'en ayant pas la proposition.

. . . .

« Dans l'ordre de notre hiérarchie consti-

tutionnelle, le premier représentant de la nation, c'est l'Empereur et ses ministres, organes
de ses décisions ; la seconde autorité repré-
sentante est le Sénat ; la troisième, le Conseil
d'Etat, qui a de véritables attributions législatives ; le *Conseil* Législatif a le quatrième
rang. Tout rentrerait dans le désordre si d'autres idées constitutionnelles venaient perver-
tir les idées de nos constitutions monarchiques. »

Enfin un sénatus-consulte du 15 novembre
1813 donna à l'Empereur le droit de nommer
sans aucune condition qui il voudrait à la présidence du Corps Législatif. Ce président devenait ainsi un pur fonctionnaire. Jusque-là,
cette assemblée avait présenté elle-même ses
candidats à la présidence.

Ce qui correspondait alors à notre Première
Chambre actuelle n'était à vrai dire qu'une
machine à voter sans caractère politique. Le
nom de *Conseil* Législatif que lui donnait
Napoléon était des plus exacts.

On ne saurait davantage comparer le Sénat
sous ce gouvernement à une seconde cham-

bre. Ses attributions étaient purement élec-
torales et constitutionnelles. Bien qu'on eût
donné en 1804 à tout sénateur le droit de
dénoncer comme contraires à la constitution
les décrets votés par le Corps Législatif, le
Sénat n'avait aucune initiative réelle. S'il était
appelé à donner son avis sur la promulgation
des lois adoptées par l'autre assemblée, il ne
pouvait ni les amender ni les retoucher, et
son pouvoir législatif était encore plus nul
que celui de la réunion de muets qui votait
sur les propositions du Conseil d'Etat.

Cette constitution n'était en somme qu'une
machine inerte que Napoléon fut le premier à
condamner au retour de l'île d'Elbe.

CHAPITRE VIII

LA MAGISTRATURE SOUS LE PREMIER EMPIRE

Dans la constitution de Sieyès, le Proclama-teur-Électeur nommait tous les magistrats qu'il choisissait parmi les citoyens inscrits sur les diverses listes d'éligibles. La constitution de l'an VIII accorda le même droit au gouvernement. Il n'y eut d'exception que pour les juges de paix, qui continuèrent à être « élus immédiatement par les citoyens pour trois années ».

Les juges de paix n'étaient point considérés comme de véritables magistrats. Dans l'idée de leur institution, c'étaient des conciliateurs dont le rôle consistait surtout à éviter aux parties de recourir aux tribunaux. La constitution de l'an VIII le rappelait en termes formels. C'est en vertu de cette idée qu'encore aujourd'hui ils ne sont pas inamovibles.

A moins de condamnation pour forfaiture, les magistrats conservaient leurs fonctions toute leur vie, pourvu qu'ils fussent maintenus sur les diverses listes d'éligibles. Le Premier Consul, qui les nommait, n'avait pas le droit de les révoquer. Le principe de l'inamovibilité était ainsi proclamé comme correctif du droit de nomination dont s'emparait le pouvoir exécutif.

En matière civile, il y avait des tribunaux de première instance et des tribunaux spéciaux d'appel. Les Parlements étaient trop bien morts alors pour qu'on pût craindre de les voir renaître dans ces juridictions supérieures.

En matière criminelle, les tribunaux de première instance étaient chargés de juger correctionnellement, sauf appel aux tribunaux criminels, les délits qui n'emportaient pas peine afflictive et infamante. Un tribunal criminel dans chaque département jugeait, comme par le passé, avec l'assistance de jurés, ce que l'on appelle aujourd'hui les *crimes* en langage juridique. Les fonctions d'accusateur public près le tribunal criminel étaient dévolues à un commissaire du gouvernement.

Le tribunal de cassation dont les membres étaient nommés par le Sénat continuait à planer au-dessus des diverses juridictions civiles et criminelles.

Les présidents des tribunaux de toute espèce étaient nommés pour trois ans par le gouvernement. Cependant le tribunal de cassation élisait lui-même son président pour trois ans également.

Un tribunal de première instance était installé dans chaque arrondissement. Les tribunaux d'appel que l'on créait étaient au nombre de vingt-neuf (la Belgique faisait alors partie intégrante de la République Française). Le traitement annuel des juges de première instance était presque partout de mille francs. Celui des tribunaux d'appel variait de deux mille à cinq mille francs. Ce dernier chiffre était celui de Paris.

Excepté en matière criminelle proprement

dite, où la question de fait restait au pouvoir du jury, le pouvoir judiciaire, que la Révolution avait omis d'organiser sérieusement, était confisqué et absorbé par le pouvoir exécutif.

Aussi, le 16 thermidor an X, un sénatus-consulte créait-il un *Grand Juge*, ministre de la justice, dont relevaient les magistrats à tous les degrés. Il présidait le tribunal de cassation dans certaines circonstances. Ce dernier pouvait « pour cause grave » suspendre les juges de première instance et d'appel.

Par le même sénatus-consulte, le Sénat choisissait les juges du tribunal de cassation parmi trois candidats que lui présentait le gouvernement : les juges de paix étaient nommés pour dix ans par le Premier Consul sur la présentation de deux candidats faite par l'assemblée de canton. Les listes d'éligibilité où devaient figurer les autres magistrats étaient supprimées et remplacées par des collèges électoraux dont les membres étaient nommés à vie.

Un nouveau sénatus-consulte, celui du 28 floréal an XII, qui constituait l'Empire, attribua aux tribunaux supérieurs le nom de *cours*, qu'avaient porté les parlements. Les commissaires du gouvernement devinrent des procureurs impériaux et généraux. Aux termes de l'article 135, une innovation plus sérieuse qu'on ne serait disposé à le croire au premier abord était édictée : « Les présidents de la cour de cassation, des cours d'appel et de justice criminelle sont nommés à vie par l'Empereur et peuvent être choisis hors des cours qu'ils doivent présider. » C'était l'enrégimentation de la magistrature.

Le code d'instruction criminelle, en instituant les cours d'assises, modifia un peu les juridictions criminelles. Plusieurs décrets vinrent régler aussi dans ses détails l'administration de la justice. Les révolutions successives ont respecté à peu près intégralement cette partie de l'œuvre impériale.

Il n'en a pas été de même de la création des juges et des conseillers auditeurs placés auprès des cours et des tribunaux. Au début c'étaient des surnuméraires-magistrats. Ils devaient avoir une fortune personnelle de trois mille francs de revenu. Ils furent supprimés après la révolution de 1830. On reprochait au gouverment précédent de les avoir parfois employés pour changer la composition des tribunaux dont les membres eussent tous dû légalement être inamovibles.

Le 18 octobre 1807 intervenait un sénatus-consulte dont voici le début :

« Le Sénat Conservateur, considérant que, par l'article 68 des constitutions du 22 primaire an VIII, les juges ne conservent leurs fonctions à vie qu'autant qu'ils sont maintenus sur la liste d'éligibles ; qu'il importe de suppléer pour le passé à cette prévoyance de la loi, et que pour l'avenir il est nécessaire qu'avant d'instituer les juges d'une manière irrévocable la justice de Sa Majesté l'Empereur et Roi soit parfaitement éclairée sur leurs talents, leur savoir et leur moralité, afin qu'aucune partie de leur conduite ne puisse altérer dans l'esprit des justiciables la confiance et le respect dus au ministère auguste dont ils sont investis, décrète ce qui suit :

« Art. 1er. A l'avenir, les provisions qui instituent les juges à vie ne leur seront délivrées

qu'après cinq années d'exercice de leurs fonctions, si à l'expiration de ce délai Sa Majesté
l'Empereur et Roi reconnaît qu'ils méritent
d'être maintenus dans leur place. »

L'article 2 et les suivants créaient une commission chargée de procéder à l'examen des
juges en fonctions dont la conduite ou la capacité pouvaient laisser à désirer.

C'était réduire à bien peu de chose l'inamovibilité de la magistrature. Pendant cinq ans
au moins, les magistrats ne devaient être que
de simples commis du ministre de la justice.

Aussi en 1814 le même Sénat qui l'avait voté
pensa-t-il à faire de ce décret un grief contre
Napoléon pour voter sa déchéance.

CHAPITRE IX

DEUX CONSTITUTIONS MORT-NÉES ET L'ACTE
ADDITIONNEL DE 1815

La constitution de Sieyès n'est pas la seule qui soit restée à l'état de projet. Je vais parler d'une autre, presque aussi mort-née, que l'histoire a flétrie du nom de *constitution de rentes*.

Lorsque les barbares arrivèrent à Rome pour la première fois, ils s'arrêtèrent, saisis de respect devant la majesté de la ville éternelle. C'était un si grand nom que même vaincu il dominait le monde.

Il en fut de même en 1814 quand l'Europe insurgée contre Napoléon se rencontra pour la première fois dans la capitale de la France.

Elle ne pouvait croire qu'elle avait vaincu la grande nation.

Un prince chevaleresque, élevé par un homme libre, susceptible des plus nobles sentiments, Alexandre, était à la tête de l'Europe coalisée. Comme toutes les grandes âmes, il était disposé à douter de son triomphe et à en user avec modération. La Révolution française n'était pas condamnée dans son esprit.

Le Sénat, qui n'avait rien pu faire de bon tant que Napoléon avait été puissant, voulut montrer qu'il pouvait faire du mal quand son chef était abattu. En réalité ce Sénat Conservateur ne représentait que le 18 brumaire, auquel il devait son existence même. Cependant il prononça la déchéance de l'Empereur et, par sa constitution du 6 avril 1814, faite au milieu des baïonnettes étrangères, appela « librement » au trône « au nom du peuple français » Louis-Stanislas-Xavier de France.

L'article fondamental de cette constitution, aux yeux de ceux qui l'avaient faite en trois jours, avec l'assistance de M. de Nesselrode, ministre de Russie, était l'article 6. Cet article stipulait que la dignité de sénateur était inamovible et héréditaire de mâle en mâle par primo-géniture, et que la dotation impériale du Sénat avec ses revenus était assurée aux membres actuels et à leurs successeurs. Pour surcroît de précaution, il ajoutait que si le roi nommait d'autres sénateurs ceux-ci ne pourraient venir rogner la susdite dotation !

Le reste de cette constitution se rapprochait singulièrement de la Charte de 1814, qui, sous la pression d'Alexandre, s'en inspira sans doute. Le Sénat y devenait pouvoir législatif dans des conditions qui devaient être celles de la Chambre des Pairs. Le Corps Législatif était nommé directement par les électeurs. Comme le Sénat, il élisait son président.

Une garantie était stipulée en faveur de la magistrature. Non-seulement les juges étaient inamovibles, mais ils ne pouvaient être nommés par le roi que sur une liste de trois candidats proposée par leur compagnie. C'était à peu près le système belge actuel. La nomination du ministère public et le choix des premiers présidents appartenaient seuls en toute liberté au pouvoir exécutif.

Cette constitution devait être soumise à l'acceptation de la nation.

Je n'ai pas besoin de rappeler que Louis XVIII ne tint aucun compte du subit dévouement que lui témoignait le Sénat impérial. Il ne répondit à ce projet de constitution, dans lequel il retrouvait un souvenir révolutionnaire, que par la déclaration de Saint-Ouen et par la Charte octroyée de 1814.

Je reviendrai plus tard sur cet acte si important qui pendant près d'un tiers de siècle a été la base du droit public de la France.

Lorsqu'en 1815 Napoléon eut ressaisi l'empire, il sentit que l'ancienne constitution de l'an VIII, revue et corrigée en l'an X et en l'an XII, ne pouvait convenir aux aspirations du pays. Il chargea lui-même Benjamin Constant, son ancien ennemi, de rédiger l'*Acte additionnel aux Constitutions de l'Empire,* qui fut accepté par la nation.

Bien qu'elle maintînt la confiscation, mesure barbare et rejetée du droit public moderne, cette constitution répondait aux idées qui dominaient en ce moment parmi les esprits les plus libéraux. Elle assurait l'égalité civile, la liberté individuelle, la liberté religieuse et celle de la presse, donnait au pouvoir législatif des attributions considérées alors comme fort larges, et assurait l'inamovibilité de la magistrature. Tous les juges toutefois étaient à la nomination de l'Empereur. On ne songeait plus le moins du monde à cette époque à faire du pouvoir judiciaire un pouvoir distinct.

Une Chambre des Pairs partageait avec la Chambre des Représentants le pouvoir législatif. La pairie était héréditaire; c'était une condition d'indépendance aux yeux des libéraux. Toutefois le nombre des pairs était illimité. Ils étaient nommés par l'Empereur.

Le gouvernement avait seul la proposition des lois. Les Chambres ne pouvaient que proposer des amendements, que le gouvernement était libre de ne pas admettre.

La Chambre des Pairs, sous cette constitution, ne fut qu'un très-pâle reflet de la Chambre des Représentants. Elle en adopta presque sans discussion toutes les délibérations, même les plus importantes, celles qui disposaient de la couronne notamment. Elle n'eut pas à vrai dire de vie propre : ce ne fut guère qu'un bureau d'enregistrement. Elle était censée représenter une aristocratie qui n'existait en aucune façon.

Si l'on veut se faire une idée des théories politiques qui dominaient en ce moment parmi les plus *exaltés* de la Chambre des Représentants, il faut se reporter à une autre constitution, fort peu connue, que discutait cette chambre au moment même où l'ennemi envahissait la capitale pour la seconde fois.

Les Grecs du Bas-Empire discutaient bien des questions d'orthodoxie pendant que Mahomet prenait d'assaut Constantinople !

Ce fut M. Dupin, le président de l'Assemblée Nationale au 2 décembre 1851, qui, le 22 juin 1815, le quatrième jour après Waterloo, le jour même où Napoléon était forcé d'abdiquer sous la menace d'une déclaration de déchéance, émit le premier l'avis de « former les bases du pacte et des conditions auxquelles le trône pourra être occupé par le prince que

le peuple aura choisi. » Cette constitution, dont
M. Manuel, le futur député expulsé et *empoi-
gné* de la Restauration, était le rapporteur, devait avoir cent quatre articles. Elle fut précédée
d'une *Déclaration de droits* de M. Garat et
d'une *Déclaration de principes* de M. Romi-
guières. On jouait au 89.

Il restait encore une cinquantaine d'articles
à voter, lorsque M. Decazes, qui s'était installé
comme préfet de police, au nom de Louis XVIII,
en même temps que les Prussiens entraient
dans Paris, envoya le soir, après la séance,
prendre les clefs de la Chambre des Représentants chez le portier du palais.

Ainsi finit sans bruit cette bruyante assemblée, la plus inepte de toutes celles qu'ait
jamais connues la France, qui avait cependant
su renverser une seconde fois Napoléon, qui
avait désorganisé toute défense nationale
devant l'ennemi menaçant, qui avait livré la
France à Fouché et qui s'était intitulée dans
les derniers temps Assemblée Constituante.

Voici les points principaux de la constitution
dont je viens de parler :

L'article 1er garantissait à tous les citoyens français l'égalité des droits civils et politiques, l'admissibilité à tous les emplois, l'égalité des charges publiques, la liberté des cultes, la liberté de la presse, la liberté individuelle, l'inviolabilité des propriétés privées, le droit d'être jugés au criminel par des jurés, celui de présenter des pétitions individuelles aux chambres ou au gouvernement, enfin celui d'être armés et formés en gardes nationales pour la défense de l'ordre intérieur et de l'intégrité du territoire.

L'article 8 supprimait toute noblesse.

L'article 9 déclarait le gouvernement français monarchique et représentatif. Le pouvoir monarchique était délégué héréditairement « à la race régnante » de mâle en mâle par ordre de primogéniture à l'exclusion perpétuelle des femmes et de leurs descendants. Le monarque, ni même l'héritier présomptif du trône, ne pouvaient commander personnellement les armées. Il ne pouvait déclarer la guerre ou faire la paix qu'avec l'approbation des deux chambres. Les ministres étaient responsables de tous les actes du gouvernement. Ils pouvaient être accusés par la Chambre des Députés. En ce cas, ils étaient jugés par la Chambre des Pairs.

L'article 38 confiait le pouvoir législatif collectivement « au monarque », à une Chambre des Pairs et à une Chambre des Représentants. Aucun des trois pouvoirs ne pouvait agir seul pour l'exercice de la puissance législative ; mais chacun d'eux avait l'initiative des lois.

Aucun impôt ne pouvait être levé, aucune levée d'hommes pour l'armée ne pouvait être faite, qu'en vertu d'une loi. L'article 49 ajoutait qu'« aucune proposition d'impôt ou d'emprunt, aucune levée d'hommes, ne peuvent être faites qu'à la Chambre des Représentants. » Les budgets devaient aussi être portés d'abord à la Chambre des Représentants.

Le monarque convoquait les deux chambres pour la même époque au moins une fois par an. Faute de convocation, elles s'assemblaient de plein droit le premier jour de novembre. Le monarque pouvait dissoudre la Chambre des Représentants, mais à la charge de convoquer dans la quinzaine les collèges électoraux et d'assembler les Chambres quarante jours au plus tard après les élections.

Les interprétations de lois demandées par la cour de cassation devaient être données sous forme de lois.

Le gouvernement pouvait déclarer l'état de siége dans le cas d'une invasion imminente ou effectuée d'une force étrangère. En cas de troubles civils l'état de siége ne pouvait être décrété que par une loi.

Le monarque nommait les membres de la Chambre des Pairs sans condition et en nombre illimité. La pairie était héréditaire. Des majorats devaient être constitués en immeubles par les pairs nommés.

Les séances des deux chambres étaient publiques. Celle des Pairs devait être présidée par le Chancelier, garde du sceau de l'Etat, qui avait le premier rang dans le ministère. La Chambre des Députés vérifiait elle-même les pouvoirs de ses membres, nommait son président et son bureau.

L'article 65 déclarait tout citoyen français

éligible aux fonctions de député, pourvu qu'il fût âgé de vingt-cinq ans accomplis. Mais l'industrie et la propriété manufacturière et commerciale devaient avoir une représentation spéciale dans la proportion indiquée par un tableau annexé à la Constitution.

Les députés étaient nommés pour cinq années. Tout membre de la Chambre des Députés qui devenait ministre devait être considéré comme démissionnaire ; mais il était rééligible.

Une loi devait déterminer dans quelles conditions les assemblées primaires éliraient et formeraient les collèges électoraux. C'était poser le principe que le suffrage serait à deux degrés.

Les anciens tribunaux étaient maintenus. Les magistrats autres que les juges de paix étaient inamovibles. Tous étaient nommés par le monarque.

L'article 86 abolissait la confiscation. Les articles 90 et suivants maintenaient l'Université et déclaraient qu'aucun corps religieux, aucun ministre d'un culte quelconque, ne pouvaient donner l'instruction publique.

La Légion d'Honneur était maintenue..

Enfin l'article 102 proclamait que le pavillon national et la cocarde nationale étaient tricolores.

Il est curieux de comparer cette constitution, faite pour un *monarque* inconnu par une assemblée de *libéraux*, dont rien ne gênait alors les théories, avec celle promulguée en 1791 par l'Assemblée Constituante.

CHAPITRE X

La Charte de 1814 commençait par proclamer le « droit public des Français ». Elle indiquait ensuite la « forme du gouvernement du roi ». On y voyait que « la puissance législative s'exerce collectivement par le roi, la Chambre des Pairs et la Chambre des Députés des départements. »

Le roi proposait la loi à telle Chambre qu'il lui plaisait. La loi de l'impôt seule devait être adressée d'abord à la Chambre des Députés. Les Chambres pouvaient supplier le roi de présenter une loi. La proposition n'était mise sous les yeux du roi que si les deux Chambres étaient d'accord.

Le préambule de la Charte contenait cette phrase : « Nous avons vu dans le renouvellement de la pairie une institution vraiment nationale et qui doit lier tous les souvenirs à toutes les espérances en réunissant les temps anciens et les temps modernes. »

Toutefois, sous l'ancien régime, la pairie n'avait guère été qu'un titre d'honneur. La noblesse surtout se moquait des prétentions des ducs et pairs, et les réclamations politiques du duc de Saint-Simon n'avaient fait qu'exciter partout le sourire.

La Chambre des Pairs devenait « une portion essentielle de la puissance législative ». Elle ne pouvait se réunir que sur la convocation du roi. Elle doublait la Chambre des Députés. Aucune loi ne pouvait être promulguée sans l'approbation des deux Chambres. Les membres de la famille royale et les princes du sang étaient pairs de droit.

Les délibérations de la Chambre des Pairs étaient secrètes. Elle connaissait aussi des crimes de haute trahison et des attentats à la sûreté de l'Etat.

La nomination des pairs appartenait au roi. Leur nombre était illimité. Ils pouvaient être nommés à vie ou être rendus héréditaires.

C'était la copie à peu près exacte du système anglais, alors à la mode parmi ceux que l'on appelait les *libéraux*. La Chambre des Pairs devait représenter l'aristocratie.

Par ordonnance du 19 août 1815, l'auteur de la Charte déclara que les pairs seraient désormais tous héréditaires. C'était encore le vœu des libéraux de cette époque. Pour eux, libre de toute attache, riche, puissant, le pair de naissance ne devait s'inspirer que de sa conscience.

Mais, comme je l'ai déjà dit plus haut, on n'invente pas une aristocratie. En vain donna-t-on des titres nobiliaires à tous les pairs. Entamée par Louis XI, conduite à sa ruine par le faste de François Ier, qui avait su l'attirer à la cour, détruite comme puissance politique par Richelieu, réduite à l'état de domesticité par Louis XIV, la noblesse française n'avait eu quelque splendeur apparente dans les derniers temps de la monarchie absolue que par le favoritisme royal. Depuis lors, elle avait perdu tous ses priviléges, et en outre elle avait été ruinée par la Révolution. Ce n'était donc pas à proprement parler une aristocratie, et la Chambre des Pairs, qui était réputée la représenter, ne représentait plus à ce titre qu'un souvenir.

Enfin la noblesse était mal vue de l'ensemble du pays. C'était une question de patriotisme encore plus qu'une question politique. Non-seulement les populations des villes étaient restées révolutionnaires de cœur, en ce sens qu'elles tenaient à toutes les conquêtes de la Révolution ; mais le régime qui s'établissait ne leur apparaissait que comme revenant dans les fourgons des envahisseurs de la France. Les paysans ne le jugeaient guère autrement. De plus , acquéreurs de biens nationaux mis en vente sous la République, ils craignaient de s'en voir dépouillés. Tous se souvenaient de l'armée de Condé et des chefs royalistes qui avaient combattu l'émancipation nationale avec l'aide de l'étranger.

Les prétentions surannées de ces revenants

de l'émigration n'étaient point faites d'ailleurs
pour les réconcilier avec la masse de la nation.
Si les libéraux, c'est-à-dire une école politique
de théoriciens, admettaient une Chambre des
Pairs, l'armée, qui s'était élevée sur les ruines
de la noblesse et qui se voyait alors outragée
et traitée en ennemie, l'armée, qui avait
compté dans ses rangs tous les Français valides
sans exception et qui, quoique disséminée, se
retrouvait partout et dans toutes les classes
de la nation, l'armée ne voulait plus de ce
qu'elle appelait l'ancien régime et n'attendait
qu'une occasion de le renverser. La Chambre
des Pairs en était une réminiscence. C'était
assez pour que la démocratie de 1789, vaincue
et réduite au silence, mais toujours vivace,
ne l'admît point comme pouvoir normal. Elle
le montra le jour où elle eut la parole.

La royauté affaiblit encore la Deuxième
Chambre par ses fournées de pairs, nommés
jusqu'à soixante-seize à la fois, pour sou-
tenir tel ou tel ministère. Ce principe était
miné par ceux-là mêmes qui le proclamaient.

Dans ces conditions, la Chambre des Pairs

ne pouvait jouer et ne joua qu'un rôle des plus effacés. La France ne prenait pas au sérieux cette tentative de restauration d'un ordre supprimé par la Constituante. Tout l'intérêt se concentrait sur la Chambre des Députés, élue pourtant par quelques contribuables seulement. Mais ces quelques contribuables vivaient de la vie commune, faisaient partie de toutes les classes, c'est-à-dire de l'ensemble de la population, et leurs élus discutaient et délibéraient publiquement. Cela suffisait pour qu'on les considérât alors comme les vrais représentants du pays.

Cependant, il faut bien le reconnaître, les pairs furent en général beaucoup plus sages que les députés. Cela tenait non-seulement à des questions d'origine qu'il serait trop long de traiter ici, mais encore à ce que, supérieurs par leur position et par leur fortune aux passions du moment, les pairs, bien que tous sincèrement royalistes, se rendaient compte du danger que les opinions exagérées faisaient courir à la royauté et par conséquent à eux-mêmes.

Lorsqu'en 1830 la Chambre des Députés fut devenue ouvertement hostile à la Restauration et proclama la déchéance de la branche aînée des Bourbons « en fait et en droit », les pairs n'osèrent point lutter contre une révolution qu'ils avaient prévue, et le changement de dynastie fut accepté par eux comme un fait tout naturel.

En 1814, c'était le Sénat qui seul avait proclamé la déchéance de Napoléon. Le Corps Législatif n'avait fait qu'adhérer à cet acte, comme la cour de cassation et une foule de fonctionnaires. Mais c'est que, sous l'Empire, le Sénat était malgré tout le premier corps de l'Etat. Le Corps Législatif, dont il nommait les membres, ne venait guère, comme le disait Napoléon, qu'en dernier ordre.

Ce qui tua surtout la Restauration, ce furent ses Chambres des Députés, jusqu'à l'avant-dernière. Plus royalistes que le roi, elles trompèrent la royauté sur sa propre puissance et irritèrent profondément le sentiment national. Au lieu de pacifier le pays, elles prirent à tâche de creuser le plus profond fossé entre la dynastie et la Révolution, dont les conquêtes restaient écrites dans la loi civile. Ce fut la dynastie qui versa dans ce précipice, le jour où certains de ses partisans, effrayés de se voir supplantés par l'influence cléricale, voulurent l'arrêter dans sa course vertigineuse. Leur arrêt ne fit qu'accentuer davantage le chaos final.

Deux choses expliqueront les violences de ces Chambres. Contrairement à tout ce qu'avaient édicté les constitutions précédentes, elles se recrutaient parmi les fonctionnaires, et en outre le gouvernement recommandait ses créatures au choix des électeurs. Cupides de faveurs et choisis pour tout applaudir quand même, les élus de cette catégorie ne pouvaient qu'outrer sans mesure toutes les idées réputées agréables au pouvoir exécutif. Exagérant son zèle vénal de façon à se faire remarquer, ç'avait été à qui l'emporterait en adulation. La royauté n'avait plus eu ni conseillers ni contrôle. Elle s'était vue parfois obligée de se défendre contre les emporte-ments de ses propres fanatiques. Elle mou-rait de trop de royalisme.

CHAPITRE XI

J'avoue que j'ai peine à comprendre qu'il soit nécessaire de se prononcer contre la candidature officielle. Comme l'admission des fonctionnaires dans les pouvoirs électifs, elle me semble une de ces choses dont le caractère monstrueux crève les yeux, autant que la plus éclatante lumière.

Si l'on admet, ce qui est incontestable, que la nation doive être considérée comme une société d'assurance mutuelle entre tous les citoyens, le pouvoir exécutif doit en être regardé comme le gérant, ayant tous les droits et tous les devoirs des gérants des sociétés de cette nature. Le pouvoir législatif doit, de son côté, être considéré comme un conseil de surveillance placé par les participants auprès du pouvoir exécutif pour en contrôler la gestion et en régler les comptes.

Or, admettrait-on qu'un gérant désignât lui-même les membres de son conseil de surveillance? Quel actionnaire, dans l'affaire privée la plus médiocre, serait assez niais pour ne pas comprendre que, en choisissant le candidat présenté par le gérant, tout examen, toute surveillance, tout contrôle va devenir impossible.

Laisserait-on à un tuteur le choix du conseil de famille de son mineur, à un accusé la composition de son jury?

La candidature officielle n'est pas autre chose que cela. C'est un gérant demandant à être surveillé par un compère. Le désignant et le désigné deviennent immédiatement suspects par leur entente même.

Le choix du député doit être essentiellement libre pour avoir une valeur morale. Je n'admets même pas les recommandations faites par certains personnages politiques au profit de

parents, inconnus la veille la plupart du temps,
qui n'ont d'autre mérite que de porter tel ou
tel nom populaire. C'est de l'officialisme d'une
autre sorte au détriment du libre choix du pays.
Cela tend à créer des dynasties et des bourgs-
pourris.

Mais ce qui me semble tout à fait grotesque,
c'est de permettre à des fonctionnaires quel-
conques d'être éligibles. De deux choses l'une :
ou bien ils sont nommés sérieusement dans un
but de contrôle efficace, ou bien leur candidature a exhalé quelques parfums officiels qui ne
permettent pas de compter sur l'indépendance de ces agents du gérant.

Dans le premier cas, conçoit-on un caporal
infligeant un blâme à la tribune au ministre
de la guerre, un juge de paix au garde des
sceaux, un instituteur au grand maître de l'Université, etc., etc.? C'est cependant le spectacle
que nous offrirait tous les jours l'Assemblée
Législative. Le grade ne ferait rien à la chose.
Ce serait toujours l'employé d'une administration, un subordonné, contrôlant son chef hiérarchique.

La critique pourrait-elle être longtemps sérieuse dans ces conditions? N'arriverait-elle pas bien vite forcément à se confondre avec l'examen bienveillant du second cas, sur lequel je crois inutile de m'appesantir.

D'autre part, l'espoir de remplacer le ministre, s'il tombait, ne peut-il donner lieu en dessous à bien des tracasseries ambitieuses?

Ce sont là deux Charybde et Scylla entre lesquels il sera toujours bien difficile aux fonctionnaires de ne pas échouer.

Laissons-les donc à leurs fonctions, dans lesquelles il est à présumer qu'ils rendent des services plus utiles, et, dans l'intérêt de l'administration, interdisons aux administrateurs toute ingérance dans les élections politiques, quelles qu'elles soient. Le moindre défaut de leur candidature serait d'intéresser forcément à leur succès une branche du service public qui est créée pour toute autre chose.

Trop souvent d'ailleurs ces candidatures n'ont été qu'un marché avec le pouvoir, l'occasion d'un avancement plus ou moins mérité, parfois même obtenu par un désistement.

En permettant l'élection des fonctionnaires, le deuxième Empire avait du moins édicté, par le décret du 2 février 1852, qu'ils seraient réputés démissionnaires par le fait de leur acceptation du mandat de député. Les députés au Corps Législatif ne pouvaient accepter aucun emploi public salarié. Enfin certaines catégories de fonctionnaires devaient avoir cessé leurs fonctions depuis six mois au moins au moment où ils se présentaient au suffrage de leurs anciens administrés.

Le régime de la Charte de 1814 ne connaissait pas même ces distinctions.

Excepté, depuis 1817 les officiers généraux commandant les divisions et les préfets, depuis 1820 les sous-préfets, tous les fonctionnaires étaient éligibles partout sous la Restauration. Ceux que je viens d'indiquer n'étaient frappés d'incompatibilité que dans les lieux où s'exerçaient leurs fonctions.

Sous la monarchie de Juillet, les incompatibilités furent étendues par la loi du 19 avril 1831; mais en principe tous les fonctionnaires autres que les préfets, sous-préfets, receveurs généraux ou particuliers et payeurs de département, restèrent éligibles à la Chambre des Députés hors des arrondissements compris dans le ressort de leurs fonctions.

Cependant la loi du 12 septembre 1830, votée conformément à l'article 69 de la nouvelle Charte, avait soumis à la réélection tout député qui acceptait des fonctions salariées du gouvernement ou qui recevait de l'avancement. Il n'y avait d'exception que pour les officiers, qui avançaient en vertu de la loi au titre de l'ancienneté.

La constitution de 1848 revint aux principes des premières constitutions républicaines et déclara par son article 28 que toute fonction publique rétribuée était incompatible avec le mandat de représentant du peuple.

Ce système est le seul vrai, le seul digne, le seul honnête, le seul démocratique.

Les défenseurs du système contraire ont parlé des lumières que peuvent apporter certains hommes spéciaux dans les discussions. Ceci n'est que spécieux. Il sera toujours facile aux membres des commissions chargés d'examiner un projet de loi de se procurer tous les renseignements nécessaires sur l'objet de leur étude. Le Conseil d'État a d'ailleurs pour mission de préparer certains projets de loi techniques. Il suffit de bien composer le Conseil d'État. Enfin le Sénat, choisi comme je le comprends, pouvant réunir toutes les capacités, la loi trouverait toujours dans la Deuxième Chambre un contrôle spécial qui offrirait au moins autant de garanties à lui seul que les lumières souvent routinières de l'administrateur-député-*candidat-ministre*.

Car, il faut l'affirmer hautement, ce dernier titre appartient à tous les ambitieux que l'on voit déserter leurs fonctions administratives pour briguer la députation. C'est là le but plus ou moins secret auquel tous tendent.

Le ministre pris dans son administration n'est point du reste toujours un bon ministre. Pour ne citer que la marine, qui semble nécessiter une organisation toute spéciale, elle n'a jamais tant progressé pourtant que lorsqu'elle n'avait pas à sa tête des marins. Les ministres qui sont appelés à délibérer chaque jour sur la politique générale du pays doivent être des hommes politiques avant d'être des hommes spéciaux. Enfin, au besoin, rien ne dit qu'ils doivent tous sans exception être pris dans la Chambre des Députés. Il suffit que la majorité d'entre eux, que le chef du cabinet surtout, soient choisis parmi les élus de la nation.

Je ne parle pas ici des emplois rétribués donnés à certains députés. Cela ne devrait pas être permis, même au prix de la démission du nouveau fonctionnaire. En dépit de tous les sophismes, pour le public, ce ne sont que des marchés. Les électeurs n'élisent des représentants que pour être sérieusement représentés, que pour que leurs élus consacrent tout leur temps, toute leur activité, aux soins de cette représentation, et non pour qu'ils trafiquent d'une façon quelconque de leur mandat.

De même que nul ne devrait pouvoir être nommé député que six mois au moins après la cessation de toute fonction publique, de même nul ne devrait pouvoir accepter un emploi salarié qu'un an au minimum après la cessation

de son mandat de député. Ceci est de l'honnêteté élémentaire. A peine conçoit-on qu'un
membre d'une assemblée soit chargé extraordinairement d'un mandat temporaire du pouvoir exécutif. Mais cela encore doit être auto-
risé formellement par une véritable LOI spéciale et dans des conditions exceptionnelles
seulement.

Excepté dans les rangs du ministère, nul
ne saurait faire partie de deux pouvoirs,
être à la fois dans les rangs du pouvoir exécutif et dans ceux du pouvoir législatif chargé
de le contrôler. Le rôle de maître Jacques, par
cela seul qu'il est comique au théâtre, ne
saurait convenir à des hommes politiques qui
ont avant tout besoin d'être respectés..

Ce que j'ai dit des fonctionnaires en général, je le dis à bien plus forte raison des magistrats. L'impartialité est leur premier devoir;
c'est la base essentielle du respect que l'on a
pour eux et pour leurs décisions. Or comment
pourrait-on croire à l'impartialité d'individus
excités par la mêlée politique?

Aussi faut-il le proclamer, au risque de frois-

ser certaines personnalités des plus respecta-
bles, inconscientes du tort qu'elles se sont fait
à elles-mêmes, les magistrats qui courent
après le suffrage populaire pour quoi que ce
soit se voient discutés sévèrement par l'opinion générale. Si leur parti les prône, par cela
même le parti adverse les attaque violemment. Leur caractère est constamment mis
en jeu, et le moindre reproche qu'on leur
adresse est de chercher dans un rôle politique
des chances d'avancement que leur capacité
judiciaire seule ne leur permettrait peut-être
pas d'espérer. C'est le grief, suspendu perpétuellement sur leur tête, qui les rend à jamais
suspects à tous ceux que la passion politique
n'entraîne point dans leur parti.

Le Garde des sceaux, dans la notice de chaque magistrat, demande s'il jouit de l'estime
publique. Pour ceux-là quatre-vingt-dix-neuf
fois sur cent la réponse vraie est *non*.

Ceci semblera dur, et je connais un magistrat pour lequel les mots *estime* et *affection*
peindraient faiblement les sentiments que
j'éprouve à son égard, qui sera tout surpris de

cette révélation, parce que jamais pareil calcul n'est entré dans son esprit. Qu'il consulte cependant les hommes les plus impartiaux sur cette question. Après y avoir réfléchi un instant, tous seront unanimes à considérer comme une chose des plus fâcheuses pour lui le fait par un magistrat d'avoir accepté une candidature populaire.

Ce n'est pas là le rôle des magistrats. Quand bien même ils obtiendraient les suffrages unanimes de la circonscription qu'ils ont voulu représenter, la réponse resterait la même. Ils auraient l'estime de leurs électeurs comme candidats heureux : cela est indubitable. Mais auraient-ils l'estime des justiciables comme magistrats? Voici la vraie question.

Respecte-t-on le magistrat qui sort de sa sphère impassible, celui qui se passionne, celui qui dépouille sa robe pour défier ses rivaux et se poser en athlète dans l'arène politique? Comment pourra-t-il juger demain ses concurrents, ses adversaires? Fatalement, il est devenu l'homme d'un parti.

Le magistrat est comme une vierge à qui le

mariage est interdit. S'il cesse d'être vierge, ce n'est qu'en se prostituant.

Notez que je prends ici les hypothèses les plus favorables. Quel sentiment éprouvera-t-on pour le magistrat qui se sera fait blackbouler? Que signifiera cet échec?

Par un sentiment de convenance aisé à concevoir, quelques-uns ne se présentent pas dans le ressort où ils exercent leurs fonctions. En dehors de toute pensée politique ou d'ambition, des intérêts territoriaux particuliers à défendre leur font souhaiter de pouvoir élever la voix dans certaines assemblées éloignées. Le mal est un peu moins grand, j'en conviens : la lutte électorale n'a pour ainsi dire pas eu de témoins. Le pays qui les a élus les honore, et celui où ils exercent leurs fonctions peut ignorer dans quel parti politique leur nomination les a entraînés. Car on ne peut figurer dans une assemblée élective sans devenir immédiatement l'homme d'un des partis qui se la partagent : cela est fatal. Toutefois il est rare que cela ne se découvre pas, et alors voici le magistrat suspecté dans son impartialité, c'est-à-dire dans son essence même, par les partis contraires.

Juré, on le récuserait.

Enfin, autre inconvénient en ce cas, les suffrages du monde entier ne sauraient attribuer la faculté d'ubiquité. L'une des fonctions ne s'exerce donc qu'au détriment de l'autre, et l'on a peine à comprendre qu'un magistrat ait été choisi par le garde des sceaux pour passer des mois entiers à cent lieues parfois de son siège. C'est cependant à quoi entraînent les candidatures politiques.

En vain voudra-t-on m'objecter que la Chancellerie ne s'en scandalise pas et qu'elle accorde même des congés aux candidats, pour leur permettre d'aller en personne briguer les suffrages. Ceci n'est un argument que pour la thèse que je soutiens, à savoir : que la magistrature devrait être absolument indépendante de ce qu'on appelle aujourd'hui la Chancellerie, et que celle-ci, comme section du pouvoir exécutif, ne peut que compromettre le prestige intrinsèque du pouvoir judiciaire. A moins de professer l'optimisme de Pangloss,

on ne saurait faire découler de la seule existence d'un fait la légitimité et la raison d'être
logique de ce fait.

Je résume en deux mots cette digression,
qui, bien que surgie à propos du régime de la
Restauration, trouverait encore son application
vivace aujourd'hui. Le magistrat, comme le
prêtre, ne devrait peut-être pas même être
électeur, tant la conscience populaire le rêve
dégagé de toutes les influences qui peuvent
altérer son jugement. Comme la femme de
César, il ne doit pas être soupçonné. La
loi a attaché de l'hermine à sa robe pour lui
montrer qu'elle doit rester immaculée. En la
portant au milieu des violences de la politique
il l'a exposée à être souillée et à ce titre il
en est devenu moins digne.

Qu'on y réfléchisse un peu. Tous les griefs
actuellement accumulés contre la magistrature
se résument en celui-ci : Elle fait de la politique !

CHAPITRE XII

La révolution de 1830 modifia profondément la Chambre des Pairs, non comme attributions, mais comme composition.

Depuis 1815, un souffle démocratique avait tourné les idées. Les mêmes libéraux qui avaient demandé l'hérédité de la Pairie et crié : Vive la Chambre des Pairs ! lors du rejet de la loi sur le rétablissement du droit d'aînesse et en mainte autre occasion, ne voyaient plus dans la Chambre des Pairs héréditaire que la restauration d'un ordre aboli depuis plus de quarante ans. Les fureurs réactionnaires des anciennes Chambres des Députés avaient posé nettement la question entre la Révolution et l'ancien régime. La royauté légitime ne tombait que parce qu'elle représentait aux yeux de la nation tout ce qui avait été supprimé en 1789. Chez les libéraux qui arrivaient au pouvoir, comme dans les masses populaires, tout le monde était d'accord pour vouloir la suppression de l'hérédité de la Pairie.

La Pairie cessa donc d'être héréditaire, et les Pairs ne purent plus être choisis par le gouvernement que dans certaines classes de citoyens. Ce fut théoriquement la réunion de toutes les illustrations du pays.

Toutefois, la suppression de l'hérédité ne fut prononcée que par la loi du 29 décembre 1831. L'article 23 de la Charte de 1830 avait reproduit textuellement l'article 27 de la Charte de 1814, qui portait : « La nomination des Pairs de France appartient au Roi. Leur nombre est illimité; il peut en varier les dignités, les nommer à vie ou les rendre héréditaires selon sa volonté. » Non-seulement c'était l'abrogation de l'ordonnance du 19 août 1815, qui déclarait tous les Pairs héréditaires; mais l'article 68 de la nouvelle Charte avait, en annulant toutes les nominations et créations nouvelles de Pairs, faites sous le règne du roi Charles X, posé le principe que la question de la Pairie serait l'objet d'un nouvel examen dans la session de 1831.

La Chambre des Pairs avait adhéré sans discussion à cette révision du pacte constitutionnel, qui la décimait cependant. Elle n'avait présenté que quelques observations fort dignes au sujet des révocations qui frappaient certains de ses membres. Il était impossible en effet à la majorité des membres de la haute assemblée de délibérer sur l'exclusion de leurs collègues prononcée par la Chambre des Députés.

C'était en vertu de l'article 68 de la Charte qu'avait été votée la loi du 29 décembre 1831, acceptée également par la Chambre des Pairs. Du reste, lors des élections qui venaient d'avoir lieu pour le renouvellement de la Chambre des Députés, les électeurs avaient presque partout imposé aux candidats la promesse qu'ils voteraient la suppression de l'hérédité de la Pairie.

Lors de la présentation de la loi, M. Salverte,

député, avait proposé de changer le nom de Chambre des Pairs en celui de « Sénat » et de donner la nomination des deux tiers des sénateurs aux collèges électoraux et celle de l'autre tiers au roi. Les sénateurs eussent tous été inamovibles, mais, bien entendu, non héréditaires.

Il est assez curieux de rapprocher cette proposition et les réponses qui y furent faites alors, des propositions émises et acceptées en 1875 pour la formation du Sénat actuel.

La nouvelle Chambre des Pairs ne gagna point en puissance morale à tous ces changements. Le gouvernement, qui la composait, l'avait d'ailleurs plus que jamais dans la main. Il pouvait toujours au besoin par des fournées y supprimer toute velléité d'indépendance. Aussi le public ne prit-il guère cette assemblée au sérieux.

Elle avait bien maintenant, comme la Chambre des Députés, l'initiative des lois et le droit de les amender. Elle n'en restait pas moins comme une sorte de clair de lune de l'autre assemblée, qui continuait à accaparer toute l'attention.

On était bien près de la considérer comme un rouage inutile. C'est que cette Deuxième Chambre, parce qu'elle était choisie par le pouvoir exécutif, ne représentait en réalité rien.

Aussi, après février 1848, trouva-t-on tout naturel de ne plus dédoubler le pouvoir législatif. Émanée d'hommes nouveaux, plus honnêtes que versés dans la science du gouvernement, la Constitution républicaine plaçait directement l'Assemblée Nationale en face du pouvoir exécutif. C'était semer fatalement la lutte d'où étaient sortis jadis le 10 août et après lui la Convention. Cette fois, ce fut l'Empire qui en sortit.

En 1792, la Révolution était entrée dans tous les cerveaux, et l'Assemblée qui la représentait avait pour elle l'opinion générale. En 1851, au contraire, on se trouva dans une situation analogue à celle qui avait amené le 18 fructidor.

Les nouvelles élections avaient envoyé à l'Assemblée une majorité réactionnaire, qui ne cherchait qu'à supprimer la République

au profit de la royauté. Peu sûre d'un lendemain, cette majorité s'empressa de mutiler le
suffrage universel dont elle émanait. Elle ou-
bliait que c'était une question de suffrage qui,
malgré l'appui légal des deux Chambres d'alors,
avait renversé la précédente dynastie.

Bien que cette mutilation du suffrage universel eût eu lieu avec son concours direct, le
pouvoir exécutif se trouvait donc cette fois en
présence d'une assemblée qui avait mécon-
tenté une partie notable de la nation et violé
la première, sinon le texte de la Constitution,
muette sur certains points de détail, du moins
un des principes essentiels sur lesquels elle
reposait. En prenant parti après coup pour le
suffrage universel et en rejetant la responsabilité de la loi impopulaire qui l'avait attaqué sur
le pouvoir législatif, le pouvoir exécutif iso-
lait l'assemblée avec laquelle il était en lutte.

On sait par quel coup de force se termina
cette rivalité des deux pouvoirs. Commencé
avec des semblants de 18 fructidor, le 2 décembre finit comme un 18 brumaire.

Le régime despotique qui s'ensuivit, sous le

nom de République d'abord, puis sous celui de Second Empire, adopta un système mixte entre celui de l'Empire de 1804 et celui des régimes qui l'avaient suivi.

Au-dessus d'un corps législatif délibérant, élu directement par le suffrage universel, mais sous la pression de la candidature officielle, et n'ayant point l'initiative des lois, le nouveau pouvoir rétablit un Sénat dont les membres nommés à vie étaient arbitrairement et sans condition de choix désignés par le gouvernement lui-même. Le nombre pourtant en était limité à cent cinquante. Certains dignitaires en faisaient aussi partie de droit.

Les présidents du Sénat et du Corps Législatif étaient également nommés par le chef de l'État. Les séances du Sénat n'étaient point publiques.

Ses attributions étaient à peu de chose près calquées sur celles du premier Empire. Aucune loi ne pouvait être promulguée sans lui avoir été soumise, mais il ne lui était point permis de retoucher l'œuvre législative. Il avait le droit de poser dans un rapport au chef de l'État les bases des projets de loi d'un grand intérêt national, d'interpréter la Constitution, même d'y proposer des modifications ; mais il n pouvait modifier le moindre détail de la loi votée par le Corps Législatif sur la proposition du gouvernement. Ses fonctions législatives étaient nulles en réalité.

Toutefois, en cas de dissolution du Corps Législatif, il pouvait, sur la proposition du pouvoir exécutif, pourvoir par des mesures d'urgence à tout ce qui était nécessaire à la marche du gouvernement. C'était lui donner le droit d'établir au besoin le budget, se ménager un auxiliaire pour se passer de la représentation nationale, si elle fût devenue trop exigeante. C'était en un mot un pouvoir en réserve.

A part cette éventualité , le Sénat n'avait guère d'autre rôle que celui que remplissent dans les pays orientaux les gardiens des harems. Il gardait la Constitution.

En 1870, un changement dans les institutions de 1852 fit du Sénat une véritable Chambre des Pairs et lui donna une part réelle de la puissance législative. Les Séances du sénat devenaient publiques. Le nombre des sénateurs pouvait être porté aux deux tiers de celui des membres du Corps Législatif. Comme le Corps Législatif, le Sénat votait et discutait les projets de loi. Il pouvait aussi en avoir l'initiative.

On en revenait à quelque chose qui ressemblait assez à l'Acte additionnel de 1815.

L'immense effondrement qui suivit la capitulation de Sedan ne permit pas de faire l'expérience de cette nouvelle Constitution ; mais rien ne montre mieux le peu de place occupé dans l'opinion publique par les Deuxièmes Chambres, lorsqu'elles émanent du pouvoir exécutif, que ce qui se passa le 4 septembre 1870.

On avait envahi le Corps Législatif pour le dissoudre. Le Sénat était assemblé à la même heure. On vint lui annoncer la dispersion du Corps Législatif.

« Nous n'avons plus à délibérer, dit un membre, mais à attendre qu'on nous expulse aussi. »

C'étaient une abdication et un aveu d'impuissance bien formels. Il se trouva pourtant, paraît-il, un sénateur qui jugea la situation encore plus défavorablement, et l'évènement lui donna raison.

« Est-ce qu'on pense à nous? dit-il. On ne nous fera pas cet honneur. »

Ce fut le mot de la fin. Personne ne vint en effet, et, pour sauver l'honneur, le procès-verbal en fut réduit à renvoyer la séance à un lendemain impossible.

La Chambre des Pairs en 1848 n'avait au reste pas eu un autre destin. Alors que la révolution envahissait et dispersait la Chambre des Députés, elle avait laissé les Pairs finir paisiblement leur inutile séance.

En 1830 et en 1815, les Chambres des Députés avaient renversé la dynastie et changé la Constitution sans s'inquiéter de l'existence de la Chambre des Pairs. Le peuple, qui avait accompli lui-même la révolution en 1848 et en 1870, ne faisait que suivre à l'égard de la Deuxième Chambre les anciennes traditions.

J'ai expliqué plus haut comment le Sénat avait eu la parole en 1814. Mais on était ce jour-là à l'antipode d'une révolution.

CHAPITRE XIII

L'article 57 de la Charte de 1814 était ainsi conçu : « Toute justice émane du Roi. Elle s'administre en son nom par des juges qu'il nomme et qu'il institue. »

C'était en revenir aux Parlements de Maupeou, continuer en fait les errements de l'Empire, proclamer en droit que le pouvoir judiciaire n'était qu'une délégation du pouvoir exécutif.

La royauté absolue, grâce à la vénalité des charges, n'avait oser aller aussi loin que lorsqu'elle y avait été contrainte par les attaques et les rodomontades des corps judiciaires. Elle combattait, exilait, embastillait, ou même supprimait au besoin les Parlements; mais elle leur reconnaissait cependant en temps normal une existence indépendante. Ce n'était pas les juges, mais les brouillons politiques, qu'elle avait voulu supprimer du temps de Maupeou.

A la vérité, la Charte ajoutait que les juges nommés par le roi, autres que les juges de paix, étaient inamovibles ; mais les mots : « nommés par le roi, » devaient servir à rendre l'inamovibilité illusoire pour les magistrats en fonctions à l'époque où la Charte était promulguée.

Bien que ne portant pas le titre de garde des sceaux, M. Trinquelague, l'ami et le protecteur de l'assassin Trestaillons, MM. Guizot et Pasquier, alors en pleine ferveur d'ultra-royalisme, avaient la haute main sur le service judiciaire. Grâce à eux, tous les juges furent assujettis à une renomination. Toutes les juridictions virent une à une leur personnel remanié, et, pour quelques-unes, ce travail ne fut terminé qu'à la fin de 1818.

On devine ce que furent les juges de cette époque. Il fallait se montrer royaliste furieux pour ne pas être éliminé. Les nouveaux intronisés étaient choisis parmi les plus zélés contre-révolutionnaires, parmi ceux pour lesquels Napoléon lui-même n'était qu'un *jacobin*. Aussi la justice se signala-t-elle surtout par sa bassesse et sa férocité. Ce fut la Terreur blanche.

Non-seulement les cours prévôtales, composées de cinq magistrats choisis dans les tribunaux du département, promenaient la guillotine de village en village, comme cela avait eu lieu aux plus tristes temps de la Terreur révolutionnaire ; mais les tribunaux ordinaires écrasaient de condamnations tous ceux qui leur étaient signalés comme attachés aux vingt-cinq années de gloire que venait de traverser la France. En revanche, les brigands, qui, sous prétexte de politique ou de religion, massacraient et pillaient dans certaines provinces les familles des anciens fonctionnaires ou les protestants rentrés à la suite de la Révolution, jouissaient de l'impunité et de l'estime publique de la magistrature. Celle-ci, en quelques lieux, leur désignait les victimes, réprimait sévèrement toute tentative de résistance, et punissait comme un crime les reproches adressés aux assassins.

Voici ce que donne, en des temps troublés, une magistrature qui n'est pas inamovible.

La manie des gouvernements de mêler les corps judiciaires aux actes de la vie politique eût suffi du reste pour démoraliser les meilleurs esprits.

Pour ne parler que de Paris, la Cour de Cassation et la Cour d'Appel étaient, en vertu des règlements impériaux, dans l'usage, encore conservé, d'écrire des adresses et de rendre des visites au chef du pouvoir exécutif en certaines occasions. On vit donc dans l'espace d'un an et demi environ ces cours : 1° aller féliciter Napoléon à l'occasion du premier janvier 1814 ; 2° adhérer à sa déchéance quelques mois après; 3° aller féliciter les souverains alliés ; 4° aller féliciter Monsieur, frère du Roi; 5° aller féliciter Louis XVIII de son retour parmi ses fidèles sujets; 6° reféliciter le même souverain pour le 1ᵉʳ janvier 1815; 7° aller, au mois de mars suivant, l'assurer de nouveau de leur dévouement sur la nouvelle du débarquement de Napoléon; 8° aller quinze jours après féciliter ce dernier de son retour de l'île d'Elbe ; 9° assister avec lui à la cérémonie du Champ de Mai ; 10° aller enfin à la rentrée du roi dans Paris lui prodiguer de nouvelles refélicitations et reprotestations d'inaltérable dévouement !

Quelle estime pouvaient avoir d'eux-mêmes les magistrats astreints à ces palinodies? Que pouvait penser d'eux le public qui chantait en 1816 ce refrain du chansonnier populaire :

N'saut' point-z à demi,
Paillass' mon ami :
Saute pour tout le monde!

A Orléans, ville tranquille où il n'y avait pas eu de massacres, il se passa le 22 février 1816, un jeudi *gras* d'ailleurs, quelque chose de tout à fait bouffon et qui suffirait à peindre la magistrature du temps.

La ville avait jadis payé 20,000 francs au peintre Gérard un portrait en pied de Napoléon. Cette œuvre d'art avait été placée à l'Hôtel-de-Ville. Il fut décidé qu'elle serait brûlée publiquement sur la place du Martroi, ainsi que quelques statues, bustes, estampes et autres emblèmes du passé. La Cour Royale, invitée à assister à cette fête nationale, s'y rendit en grand costume, précédée de ses huissiers, avec le cérémonial des jours les plus solennels. Après que le feu eut été allumé simultanément par le Premier Président, le Préfet et le Maire, Messieurs de la Cour « en robes rouges, debout et couverts », pour me servir d'une formule des cérémonies judiciaires, se prirent par la main et commencèrent, ainsi que tous les fonctionnaires présents, une ronde folle autour du bûcher. Pendant ce temps, la musique de la garde nationale jouait ce vieux refrain, que Messieurs de la Cour daignèrent répéter plusieurs fois en chœur :

Rantanplan tire tire
Ah ! que nous allons rire ! *bis.*
On va lui percer le flanc.
Et ran, et ran, tireliran plan, etc.

Certains conseillers durent regretter que la Cour, dans son zèle pour la bonne cause, ne fît point consacrer « par quelque monument des arts », comme on disait alors, placé dans sa principale salle d'audience, le souvenir de ce beau jour. C'était un exemple de *tenue judiciaire* à faire passer à la postérité.

Il faut rendre toutefois à la magistrature de la Restauration cette justice que lorsqu'elle fut sérieusement assise, lorsque les magistrats nommés sous l'Empire n'eurent plus à redouter chaque jour une destitution, l'inamovibilité, en les rendant maîtres de leurs sentences, leur rendit le sentiment du devoir. Vainement le ministère public multipliait les poursuites, vainement la royauté en personne témoignait à la Cour de Paris son mécontentement par son attitude dans les réceptions solennelles ; d'impartiales décisions consacraient la liberté de chacun et la liberté de la magistrature elle-même. C'est alors qu'un magistrat témoignait comment il comprenait sa mission en prononçant ce mot célèbre : *La Cour rend des arrêts et non des services.*

Rien ne démontre mieux l'utilité pratique de l'inamovibilité que le parallèle entre la magistrature des premières années de la Restauration et la magistrature des dernières années.

Aussi lorsque, le 7 août 1830, la Chambre des Députés modifia la Charte, le principe de l'inamovibilité de la magistrature ne fut pas agité sérieusement; ce ne fut qu'aux mois de novembre et décembre suivants que l'on parla de toucher à la magistrature assise. Mais cette idée fut écartée, et les magistrats n'eurent pas même besoin d'institution nouvelle. Si on ne leur eût pas demandé de prêter serment au nouveau gouvernement, ils ne se fussent pas aperçus de la révolution qu'ils venaient de traverser.

Les points fondamentaux de l'ancienne Charte avaient été conservés. Toute justice émanait toujours du roi, qui nommait tels magistrats qu'il lui plaisait, pourvu qu'ils remplissent les conditions d'aptitude édictées par les règlements.

La magistrature eut bientôt occasion de montrer son indépendance du pouvoir exécutif. Par le célèbre arrêt du 29 juin 1832, la Cour de Cassation força le gouvernement à rapporter l'état de siège qu'il avait édicté le 6 du même mois.

CHAPITRE XIV

La révolution de 1848 parut, au début, devoir modifier la situation de la magistrature.

Un décret du Gouvernement Provisoire du 17 avril 1848 déclara le principe de l'inamovibilité incompatible avec le gouvernement républicain et donna au ministre de la justice le droit de suspendre ou révoquer les magistrats, « comme mesure d'intérêt public. » Ce décret donna lieu à de vives critiques de la part des républicains eux-mêmes.

Aucune révocation du reste ne fut prononcée. Il y eut seulement quelques suspensions, qui durèrent jusqu'au 10 août 1849, époque où elles furent rapportées en vertu de la loi organique promulguée l'avant-veille.

Déjà, le 24 mars 1848, le gouvernement provisoire avait approuvé des suspensions de magistrats prononcées par les commissaires extraordinaires envoyés dans les départements.

Mais la Constitution du 4 novembre suivant proclama formellement l'inamovibilité des juges de première instance et d'appel, ainsi que celle des membres de la Cour de Cassation. Leur nomination fut confiée au Président de la République. Il fut posé par l'article 81 ce principe que la justice était rendue « au nom du peuple français ».

L'inamovibilité des juges de paix avait même été proposée. Mais elle ne fut pas admise. Il est certain que, tant qu'aucune condition d'aptitude ne sera exigée des candidats juges de paix, il sera bien difficile de déclarer inamovibles des magistrats dont la capacité ne peut être appréciée que par la pratique de leurs fonctions. Les juges de paix ont cependant aujourd'hui des fonctions judiciaires beaucoup plus sérieuses que lorsque la Constituante les créait dans le but principal d'empêcher les parties de recourir aux tribunaux.

La loi organique du 8 août 1849 sur l'organisation judiciaire proclama de nouveau les principes posés par la Constitution. Elle maintenait les cours et tribunaux existants, ainsi que tous les magistrats sans exception qui les composaient. Elle décidait toutefois, ce que n'avait pas fait la révolution de 1830, qu'une institution nouvelle serait donnée par le gouvernement aux cours et tribunaux maintenus. En outre, tous les membres en durent prêter individuellement le serment professionnel dont elle donnait la formule, qui est encore d'usage aujourd'hui.

Cette loi avait été précédée d'un projet plus complet présenté par M. Rouher, alors ministre de la justice. A côté d'idées fort critiquables sur le mode de candidature aux premiers degrés de la magistrature, il renfermait des dispositions très sages, relatives : 1° au traitement des magistrats qui restaient dans la même résidence en renonçant aux chances d'avancement ; 2° aux mises à la retraite, et 3° à l'inconvenance, encore tolérée aujourd'hui, de laisser des magistrats juger des affaires instruites ou plaidées par leurs plus proches parents.

Par des raisons purement politiques, l'Assemblée Législative se borna à consacrer en cinq courts articles, dont deux de forme, les principes déjà posés dans la Constitution de l'année précédente. Le seul effet de la loi fut de permettre au pouvoir exécutif de faire cesser la suspension de certains magistrats prononcée au lendemain de la révolution de 1848.

La Constitution de 1852 se bornait à dire que la justice se rendait au nom du Président de la République et qu'il nommait « à tous les emplois ». En outre, le Sénat était chargé de s'opposer à la promulgation des lois qui porteraient atteinte au principe de l'inamovibilité de la magistrature. Mais un serment de fidélité à la Constitution et au Président de la République nouvelle fut exigé, sous peine de déchéance, des magistrats comme de tous les autres fonctionnaires.

Un décret fort critiqué du 1ᵉʳ mars 1852

édicta que les magistrats inamovibles des
cours et des tribunaux de première instance
seraient mis d'office à la retraite à l'âge de
soixante-dix ans. Les membres de la Cour de
Cassation purent rester en fonctions jusqu'à
soixante-quinze ans.

Pour qui veut se dégager de toute préoccupation étrangère au service judiciaire, bien
que tout politique et fait dans le but manifeste
de renouveler le personnel de la magistrature
dévoué aux régimes antérieurs, ce décret est
en somme une excellente loi. Sans doute, plus
le magistrat vieillit sur le siège, plus il ac-
quiert d'expérience juridique. Mais il arrive un
âge où les forces intellectuelles de l'homme
déclinent comme ses forces physiques ; et
peut-être même faudrait-il ajouter au décret
du 1er mars 1852 quelques dispositions de
plus. Un sentiment de confraternité bien
excusable fait parfois conserver dans les compagnies judiciaires des membres devenus phy-
siquement ou moralement incapables d'un
service sérieux. Leurs collègues les trois
quarts du temps les suppléent. On a même

vu élever au grade de conseiller, pour les noyer dans un ensemble où ils s'éclipsaient, des magistrats de première instance réduits à un état d'imbécillité presque absolue. Cela peut être très charitable; mais il y a lieu de se demander si c'est conforme aux intérêts des justiciables.

L'Empire se montra d'ailleurs fort favorable à la magistrature. Il en éleva sensiblement tous les traitements. Aussi compta-t-il dans la magistrature, comme dans l'armée, ses plus chauds partisans.

On a vivement reproché à la magistrature de cette époque d'avoir fait partie des commissions mixtes après le coup d'État de 1851. Il conviendrait de s'entendre à cet égard.

Les commissions mixtes, dont une existait dans chaque département, se composaient uniformément partout de trois membres : le préfet, l'officier supérieur commandant la division ou le département, enfin le procureur général ou le chef du parquet de première instance du chef-lieu. Ces derniers venaient d'ailleurs d'être choisis tout spécialement pour ce qu'on attendait d'eux.

Aucun magistrat du siège ne put donc faire partie de ces commissions. On comptait si peu sur eux qu'on leur décochait le décret du 1er mars 1852.

Sans doute, grâce à l'organisation actuelle, les membres du parquet qui avaient montré leur zèle dans les commissions mixtes purent plus tard entrer aux premiers rangs dans la magistrature inamovible ; mais il est à remarquer que l'effet de la création des commissions mixtes fut au contraire de dessaisir immédiatement toutes les « autorités judiciaires » qui avaient pu être « chargées d'informer sur les derniers évènements ».

Il est un autre reproche beaucoup mieux fondé que l'on put adresser sous le régime impérial à toute une classe de magistrats. Les juges de paix furent avant tout des agents de police politique. Ils durent fournir et aux parquets et à l'administration elle-même des renseignements secrets sur tous les citoyens de leur canton. A cette époque, où la candidature officielle était posée comme un principe de gouvernement, ils jouèrent dans les élections le rôle le plus actif.

Placés sous la surveillance directe des préfets et des sous-préfets, réduits au rôle de courtiers électoraux, ils furent des agents administratifs encore plus que des magistrats. Amovibles, révocables au bon plaisir du ministre, désignés à son choix par l'administration autant que par le service judiciaire, pris sans conditions de capacité dans tous les milieux, ils ne pouvaient montrer l'indépendance du véritable magistrat.

Leur rôle à cette époque démontre surtout une chose : la nécessité de la séparation absolue du pouvoir judiciaire de l'exécutif. Il en ressort également : l'utilité de l'inamovibilité pour le magistrat, l'importance des conditions spéciales qu'on doit exiger de lui avant de lui confier une tâche toute de savoir et d'honneur.

Le sénatus-consulte du 21 mai 1870 — la treizième des Constitutions qui ont régi la France en moins de quatre-vingts ans — fut

tout aussi bref au point de vue qui nous
occupe que la Constitution de 1852, qu'il
modifiait. L'article 14 rappelait que l'Empereur « nomme à tous les emplois ». L'article 15 ajoutait : « La justice se rend en son
nom. L'inamovibilité de la magistrature est
maintenue. »

Cette inamovibilité fut respectée en principe par la révolution du 4 septembre suivant.
Aucune révocation ou suspension de magistrat
ne fut prononcée. Un décret du 10 septembre
1870 du gouvernement de la Défense Nationale
autorisa bien le Ministre de la Justice à révoquer directement des magistrats; mais ce décret eut soin de spécifier qu'il n'était appli-
cable qu'aux magistrats amovibles.

Je ne parlerai pas ici du cas de M. le Premier Président Devienne, accusé d'un fait qui
touchait plus son honneur privé que son passé
politique et dont la Cour de Cassation le lava
par un arrêt solennel. Mais je dois rappeler
deux décrets des 28 janvier et 3 février 1871,
qui, « pour relever la dignité de la justice »,
excluaient de la magistrature et frappaient de

déchéance quinze magistrats inamovibles comme ayant fait partie en 1852 des commissions mixtes.

On eût sans doute surpris M. Crémieux, auteur de ces décrets, en lui montrant qu'il venait de combler de faveurs certains magistrats de cette catégorie qui n'étaient pas inamovibles. Il en avait fait jusqu'à des procureurs généraux de la nouvelle République. J'en sais un, et des plus violents en 1852, qui s'en était vanté durant tout l'Empire, en le rappelant sans cesse dans ses demandes d'avancement ou de décoration, qui ne fut renversé que par le 24 mai. On lui reprocha alors son avancement après le 4 septembre.

Ceci peut se publier aujourd'hui. Ce magistrat est à la retraite.

Les deux décrets de M. Crémieux eurent du reste le destin des roses. Le 25 mars 1871, la nouvelle Assemblée Nationale réunie à Versailles votait la loi suivante :

« Article unique. — Les décrets du 28 janvier et 3 février 1871, qui ont prononcé la déchéance de quinze magistrats y dénommés, sont déclarés nuls et non avenus, comme contraires *à la règle de la séparation des pouvoirs* et au principe de l'inamovibilité de la magistrature, en réservant le droit souverain de l'Assemblée sur l'organisation judiciaire. »

Depuis lors, la magistrature française n'a plus été l'objet d'aucun acte de politique générale.

CHAPITRE XV

Après cette revue rétrospective, il convient d'examiner la situation actuelle de la magistrature française.

Il est une justice qu'on doit tout d'abord lui rendre. Chacun proclame son intégrité. Sa probité est de celles dont on ne parle même pas, de peur de lui faire injure en paraissant supposer qu'elle puisse être l'objet d'un examen. Les seuls reproches qu'on lui adresse sont relatifs aux influences hiérarchiques qu'elle subit, à ses tendances politiques, à son esprit rétrograde.

Ces deux derniers reproches s'expliquent tout naturellement. La nomination des magistrats ayant été confisquée depuis les premiers jours du siècle par le pouvoir exécutif, et celui-ci depuis lors s'étant trouvé à peine durant quelques instants aux mains de la démocratie, il est aisé de concevoir que le plus grand nombre des fonctionnaires du ministère de la justice dont nous nous occupons ici reflète les couleurs politiques des ministères qui l'ont nommé.

Tant que le pouvoir judiciaire sera considéré comme une simple dépendance d'un des huit ou neuf ministères du pouvoir exécutif, il n'en pourra être autrement. La majorité de la magistrature représentera fatalement le passé et sera à peu près nécessairement en opposition manifeste avec la politique du moment. L'inamovibilité, qui est édictée dans l'intérêt du justiciable pour lui assurer un juge inébranlable, change alors de caractère et devient la protection du juge lui-même contre le progrès des idées modernes.

Elle correspond assez à ce qu'est la propriété du grade pour l'armée. Mais l'armée a un autre avantage en plus. Une partie de l'avancement est réglée par la loi. Pour le pouvoir judiciaire, tout est livré à l'arbitraire du pouvoir exécutif. Celui-ci fait uniquement ce qu'il lui plaît, et il peut opposer à toutes les réclamations l'ancienne formule de la monarchie : *Tel est notre bon plaisir*. L'inamovibilité est la seule barrière qui l'arrête.

J'ai comparé la magistrature à l'armée; et en effet chaque ressort de Cour d'appel ressemble fort à un régiment. Au sommet se trouve la Cour, sorte d'état-major; puis viennent les tribunaux de première instance de diverses classes, et au-dessous encore les justices de paix. Tout cela se meut dans un même cercle et vient aboutir à deux mains puissantes qui tiennent tout l'engrenage, celle du premier président et celle du procureur général.

Ce sont les colonels du ressort. Mais il n'existe pas de généraux inspecteurs pour les contrôler eux-mêmes. Le ministre de la justice ne voit, n'entend, ne pense et ne sait que par eux seuls.

Les présidents des tribunaux, les procureurs

des parquets de première instance, sont placés sous leurs ordres immédiats. Ce sont des capitaines commandant leur compagnie détachée , mais toujours soumis aux chefs du régiment. Il en est de même des présidents de chambre dans les Cours. Ce sont, si l'on veut, des lieutenants-colonels ou des chefs d'escadron, exerçant dans une sphère restreinte ou momentanément les pouvoirs du colonel, mais lui obéissant aussi chaque fois qu'il lui plaît d'invoquer la règle : *Ego nominor leo.*

Si, pour la direction immédiate, le siège est séparé du parquet et dépend de son chef normal le premier président , le procureur général et le premier président n'en ont pas moins le même droit de surveillance, de discipline et de propositions pour l'avancement sur tous les magistrats sans distinction, qu'ils appartiennent au siège ou au parquet.

C'est un dualisme des plus nets, un parallélisme complet de pouvoirs égaux marchant au même but. Le premier président, comme membre du siège, a bien le pas sur le procureur général ; son inamovibilité lui donne, en outre, une sûreté de position que l'autre peut envier. Mais, au point de vue du ministère de la justice, leur influence est théoriquement égale. On peut poser en principe que rien ne se fait que sur l'avis de l'un ou de l'autre. Bien unis, ils seraient les maîtres absolus de leur ressort.

Durant le premier trimestre de leur nomination, ils vivent d'ordinaire en parfait accord.

Chaque Cour d'appel, avec les tribunaux qui en relèvent, constitue donc un ensemble dans lequel s'exerce autocratiquement le pouvoir des deux chefs et s'agitent les efforts des magistrats pour arriver à des positions meilleures. Ce n'est qu'avec l'approbation et le concours des chefs que ces efforts peuvent aboutir. Excepté dans quelques cas exceptionnels et qu'on peut à l'avance déclarer désavantageux, on n'a pas même la ressource d'échapper à cette influence en changeant de ressort.

Il faut dire encore qu'il en est des cours ou ressorts comme des régiments et même des diverses armes de l'armée. Les chances d'avancement sont loin d'y être partout les mêmes.

L'avancement est réglé non pas au point de vue de la fonction, mais au point de vue du traitement; et celui-ci varie non d'après le travail du magistrat ou l'importance de son grade, mais d'après le chiffre de la population de la ville où il réside. Ainsi les juges de paix sont divisés en de nombreuses classes et ont aujourd'hui depuis 1800 fr. dans les petites communes rurales jusqu'à 8000 fr. à Paris. Les juges de première instance, qui ont 2400 fr. dans les sièges où la population est inférieure à 10 000 âmes, ont 2700 fr., 3000 fr., 3500 fr., 5000 fr. et 8000 fr. selon que la population du siège de leur tribunal s'élève au-dessus de 10 000, 25 000, 60 000, 100 000 ou un million d'habitants. Il n'y a d'exception que pour les chefs-lieux de département ou de Cour d'assises, qui ne peuvent pas, quelle que soit leur population, être au-dessous de la cinquième classe.

Les Cours d'appel sont elles-mêmes divisées en trois classes, ou plutôt quatre, en y comprenant celle d'Alger, dont le traitement varie de 5000 à 11 000 fr., toujours d'après le chiffre de la population de la ville où elles siégent.

Les traitements des premiers présidents, procureurs généraux, présidents de chambre, avocats généraux, présidents, procureurs, vice-présidents, juges d'instruction, etc., varient aussi selon la même règle uniforme.

Il en résulte donc qu'un juge de paix de Fontainebleau, par exemple, qui aura été nommé juge au tribunal de première instance du même lieu, aura avancé, parce qu'en conservant le même traitement il aura monté en grade et vu sa carrière assurée par l'inamovibilité. Mais un juge à 2400 fr., un président de tribunal à 3600 fr., ou même un conseiller à 5000 fr. pourront avancer en étant nommés simples juges de paix, s'ils ont des traitements sensiblement inférieurs à celui de leur fonction nouvelle. Il est bien des conseillers de la dernière classe, libres d'attaches immobilières dans leur pays, qui accepteraient avec joie d'être nommés simples juges de paix à Paris. Leur traitement en serait augmenté des trois cinquièmes, près de moitié. Le ministère, du reste, considérerait cet avancement comme excessif et ne l'accorderait qu'à des favorisés.

Je le répète, le grade n'est presque rien dans la magistrature. Le chiffre de la population de la résidence est la base du traitement et par suite de l'avancement des magistrats.

Il existe aussi quelques siéges de première instance de deuxième classe, comme Lille, Marseille, Nantes, dont les chefs-lieux de cours de troisième classe, Douai, Aix, Rennes, sont de petites villes relativement tristes. Là, le juge, qui a le même traitement que le con-seiller, trouve en plus dans sa résidence des agréments qui lui feraient, la plupart du temps, considérer comme une disgrâce une nomination à la cour. De sorte que si l'on admet que les magistrats sont placés par la Chancellerie d'après leur mérite, on en arrive ici à conclure que les juges du premier ressort, dont les décisions peuvent être cassées par les conseillers du ressort supérieur, ont un mérite supérieur à celui des magistrats qui réforment leurs décisions.

On comprend d'après ceci que dans les ressorts riches, où le siége de la cour est une ville de plus de 100 000 âmes, où les grandes cités abondent, il y ait des chances d'avancement bien supérieures à celles des ressorts où il faut aux plus heureux trente ans de travail obstiné pour pouvoir arriver à un siége de conseiller de dernière classe. Ainsi un magistrat qui débute dans le ressort de Paris est à peu près certain d'avoir, au bout de quinze années, plus du double du traitement dont jouira après le même laps de temps un magistrat de Grenoble, par exemple.

Aussi certains ressorts avantagés sont-ils assiégés et défendus avec une remarquable opiniâtreté, surtout lorsqu'une place s'y trouve vacante dans les emplois supérieurs. Pour les uns, c'est un débouché nouveau qui s'ouvre au profit d'un ressort moins heureux; pour les autres, c'est une concurrence funeste, on dirait volontiers immorale, un plébéien qui tente de s'introduire dans une aristocratie! Le ministère semble commencer à croire aujourd'hui que tous les magistrats sont égaux. Mais cependant, lorsque le premier président et le procureur général d'un gros ressort s'entendent pour porter un même candidat et repousser les intrus, il est rare que la Chancellerie ne s'incline pas devant le privilége revendiqué.

Par ce qui précède, on voit combien, pour les ambitieux, il est important d'être bien avec les chefs de la cour. Non-seulement eux seuls proposent des candidats pour chaque place vacante de leur ressort, mais encore pour passer dans un autre ressort il est indispensable d'être soutenu par les arbitres de celui que l'on veut quitter.

Aucun avancement n'est possible pour un magistrat qui n'est pas poussé par l'un au moins des chefs de sa cour. Ils lui donnent des notes secrètes qu'il ignorera peut-être toujours, sur lesquelles il ne sera pas appelé à s'expliquer, que rien ne viendra contrôler, qui resteront à jamais dans son dossier à la Chancellerie et dans son dossier à la cour, que l'on consultera nécessairement chaque fois qu'il sera question de lui d'une façon quelconque, et d'où dépendra tout son avenir. Ce peut être un assassinat par derrière.

Il y a, en outre, les questions de décoration et de présidence d'assises, qui, comme celle d'avancement, sont absolument entre les mains du premier président et du procureur général.

La présidence d'assises donne droit à des honneurs particuliers. Elle met en relief le magistrat qui y est appelé, fait connaître son nom par les journaux qui rendent compte des procès criminels fameux et lui donne même au besoin l'occasion de célébrer ses propres vertus dans lesdits journaux, en leur transmettant le compte rendu d'une affaire.

Bien que fort rudes parfois pour la presse, on ne saurait croire combien les magistrats, du siège comme du parquet, la cultivent. Il en est d'elle comme de certaines femmes fort décriées : il y a beaucoup d'amour dédaigné dans la haine qu'on leur manifeste.

La présidence d'assises, qui ne peut être donnée qu'à un conseiller, conduit nécessairement à l'avancement et à la décoration. C'est une étape presque obligée pour devenir président de chambre.

Quant à la décoration, elle se donne régulièrement aux membres des cours, lorsqu'ils ont atteint vingt ans de services. Mais, dans certaines positions élevées, elle s'accorde plus tôt et fait partie, en quelque sorte, de l'emploi. On la motive, en ce cas, par des « services exceptionnels ». La présidence d'assises dans certaines affaires retentissantes constitue des services exceptionnels.

Il faut encore parler du roulement.

On appelle roulement la répartition des magistrats entre les diverses chambres d'une cour ou d'un tribunal. Mais je ne m'occupe ici que des cours.

Bien qu'aujourd'hui les règlements qui régissent cette matière ne l'aient pas abandonnée à la volonté des chefs, il n'en est pas moins vrai qu'ils ont toujours, le premier président principalement, la haute main dans cette question. Les membres de la commission chargée d'élaborer ce travail avec eux leur sont trop soumis d'autre part pour constituer un contrôle sérieux. L'ordonnance de 1820, à laquelle on est revenu *provisoirement* depuis le 12 juillet 1871, n'a évidemment pas voulu autre chose. En effet, le choix des membres d'une chambre peut influer énormément sur la reddition d'un arrêt et sur la jurisprudence de la cour. Aussi certains premiers présidents écartent-ils avec soin de la première chambre, qu'ils président eux-mêmes, qui est celle qui juge les questions les plus importantes, les magistrats connus pour ne pas s'incliner facilement devant les propositions juridiques de leur chef hiérarchique. On les désigne sous le nom de *mauvais esprits*. Le procureur général, de son côté, bien que n'ayant théoriquement que voix consultative, a toujours soin de composer, autant que possible, la chambre des appels correctionnels, de magistrats connus pour leur *fermeté*.

Le roulement donne donc, au premier président surtout, une influence énorme sur tous les conseillers qui préfèrent leurs aises à leur indépendance ; car il n'est pas indifférent d'être de telle ou telle chambre. Pour n'envisager qu'un seul des points de vue de la question, je rappellerai que les magistrats des cours ont deux mois de vacances annuelles, septembre et octobre, lorsqu'ils ne sont pas de la chambre dite des vacations ou de la chambre des mises en accusation.

Celle-ci n'est point une chambre à part, et le service s'en cumule toujours avec une autre. Aussi peut-elle être composée avec des membres de la chambre des vacations, et c'est ce qu'on fait autant que possible dans certaines cours, afin de laisser reposer le plus grand nombre possible de magistrats; mais ce n'est pas une règle absolue. Les chefs de cour pourraient priver absolument un magistrat de vacances en le mettant une année de la chambre des vacations sans le mettre de la chambre des mises en accusation et en le mettant l'année suivante de cette dernière chambre sans le mettre de la chambre des vacations. Il ne saurait ainsi réclamer en vertu du principe qu'on ne peut retenir un magistrat malgré lui deux ans de suite dans la même chambre criminelle.

Par ce que je viens de dire, on voit combien, malgré l'inamovibilité, *qui seule les protège,*

les magistrats ont aisément à compter avec
la toute-puissance des chefs de la cour. Il ne
faut pas oublier que l'un d'eux, le procureur
général, est toujours nécessairement le représentant du gouvernement actuel. Quant à l'autre, le premier président, il semblerait que la
politique dût être absolument étrangère à son
choix. Ses fonctions les plus sérieuses consis-
tent normalement, sauf quelques détails d'administration, à présider l'audience d'une des
chambres de la cour. Le bénéfice de l'inamovibilité dont il jouit, comme les autres magistrats
du siège, suffirait au besoin à le démontrer.
Cependant, trop souvent il n'en est rien. Ce
n'est pas un magistrat; c'est un agent politique.

Cela est si vrai que sa nomination, comme
celle des procureurs généraux, des préfets, des
ambassadeurs, de tous les fonctionnaires qui
peuvent engager la politique du gouvernement, se discute en conseil des ministres. La
proposition du garde des sceaux ne suffit pas :
il faut l'approbation du ministère entier.

On les prend même très-souvent hors du ressort qu'ils doivent présider, pour qu'ils n'y puis-

sent subir aucune influence de leurs anciens collègues. Mais on les livre alors à d'autres influences mille fois plus fâcheuses, celles des intrigants qui s'empressent de surprendre leur confiance et de les pousser dans une fausse voie, tandis que les magistrats dignes de ce nom attendent à l'écart que leur chef les consulte, ce qui n'a pas toujours lieu. Il est des chefs qui de la sorte ne connaissent jamais en réalité leur ressort.

La plupart du temps, d'ailleurs, arrivés à de hauts grades qui en font des personnages politiques, ils ne songent qu'à monter plus haut et le plus rapidement possible. Mais même, lorsque le premier président n'est pas un personnage essentiellement politique, c'est, dans tous les cas, lui qui doit donner la direction à ce qu'on appelle sa compagnie.

Après avoir accordé à l'opinion publique le principe de l'inamovibilité, le pouvoir exécutif, qui avait absorbé le pouvoir judiciaire, s'est vite repenti de cette concession qui pouvait permettre jusqu'à un certain point à la magistrature de s'émanciper de sa domination. Non-seulement il lui a enlevé le jugement des affaires administratives et a montré le singulier spectacle d'un juge jugeant sa propre cause, mais à mesure qu'il est devenu plus fort il a étendu sa puissance sur les juridictions prétendues indépendantes qu'il venait de créer. Le pouvoir donné en l'an X au Sénat de casser les jugements des tribunaux, le décret du 12 octobre 1807, que j'ai rapporté plus haut, l'interprétation donnée à l'article 58 de la Charte de 1814 pendant les premières années de la Restauration, ne sont qu'un signe de cette tendance. Chaque gouvernement s'est cru immortel et a cherché à faire du pouvoir judiciaire un pur instrument de domination, sans se rappeler qu'Enguerrand de Marigny avait été attaché au gibet qu'il avait lui-même édifié. C'est ainsi que le pouvoir exécutif a commencé par désigner lui-même les chefs de la magistrature; puis il a, sous forme de règlementation, assis l'autorité de ceux-ci de façon à les rendre maîtres des corps judiciaires. Il ne lui restait plus qu'à les choisir parmi ses séides pour rendre ces mesures complètement efficaces. C'est ce que chacun des régimes qui se sont succédé en France depuis le Consulat a fait à son tour.

Avec quelques hommes énergiques et dévoués, *à poigne*, pour me servir d'une expression classique aujourd'hui, il tenait toute la corporation.

Aussi a-t-on vu chaque ministère, à la veille de sa chute, accumuler ces hautes nominations judiciaires en faveur de ceux qui s'étaient le plus compromis pour lui. Grâce à l'inamovibilité, non-seulement on récompensait ainsi d'une façon sûre des services que condamnaient et le pouvoir législatif et le chef du gouvernement qui changeait de ministère, c'est-à-dire le pays même; mais on avait créé un principe de réaction et de lutte contre le ministère qui allait suivre, un point d'appui pour le renverser plus tard. Il était au moins certain à l'avance que le nouveau magistrat montrerait peu d'ardeur à réprimer les attaques contre le nouveau ministère.

Parfois même, c'était celui-ci qui venait maladroitement fortifier à son tour cette combinaison, en mettant dans la magistrature inamovible, sous forme de disgrâce, les chefs de parquet qui venaient de se signaler le plus contre le principe qu'il représentait. C'était autant d'ennemis que l'on rendait inattaquables, un renfort envoyé au parti vaincu.

J'aurai du reste à parler tout à l'heure des magistrats des parquets qui finissent dans les hautes régions judiciaires par former la majorité du siège. Mais je n'en ai pas fini encore avec les influences hiérarchiques qui peuvent peser sur les magistrats inamovibles.

Outre celles que j'ai signalées plus haut et qui, sauf peut-être la question du roulement, lui sont communes avec le procureur général, il en est d'autres tout à fait d'intérieur qui achèvent de faire du premier président le maître presque absolu de sa cour. Il peut accorder des congés de moins de trente jours; il donne son avis sur les congés plus longs que la Chancellerie s'est réservé le droit d'accorder directement, sur les retenues de traitement qui peuvent accompagner ces congés; enfin il désigne les assesseurs aux assises, les taxateurs, les magistrats chargés de remplacer à une autre chambre leurs collègues malades ou empêchés pour une cause quelconque. Il existe bien à ce dernier égard des règles spéciales ; mais la Cour de Cassation en étant arrivée à cette jurisprudence commode, que tout magistrat qui devait être désigné pour un remplacement et qui ne l'a pas été est réputé régulièrement empêché lui-même, on comprend que la règle en question soit devenue dans la pratique une sorte de lettre morte. Certains pourront ainsi avoir toutes les corvées, certains autres arriver à ne pas même faire leur service normal.

Ceci peut se reproduire dans les tribunaux de première instance, où le président a des pouvoirs analogues, où de son côté le procureur de la République joue en petit le rôle du procureur général. Les notes adressées aux chefs de la cour, le roulement, les congés des magistrats, les remplacements à l'audience, sont la reproduction de ce qui se passe dans de plus hautes régions. Mais je cite surtout l'exemple des cours, parce que les cours sont tout dans notre système judiciaire actuel. Depuis le code d'instruction criminelle de 1808, c'est elles qui statuent en dernier ressort sur toutes les questions de quelque importance, et notamment dans toutes les affaires correctionnelles. Peu importent les décisions des tribunaux inférieurs et leur jurisprudence, puisque les cours peuvent les réformer.

Il y a bien au-dessus d'elles la Cour de Cassation, qui ne devrait être qu'une réunion de jurisconsultes. Malheureusement recrutée d'anciens procureurs généraux et premiers présidents, havre assuré et appât magnifique pour les personnalités audacieuses qui dirigent la politique belliqueuse du ministère de la justice dans les temps de crise, cela suffirait pour qu'elle fût plus que toutes les autres devenue une cour politique.

C'est au point de vue pénal principalement que l'influence de la politique peut être dangereuse en matière judiciaire. Il est quelques cas toutefois où on peut la ressentir aussi au civil.

En matière criminelle, le parquet a un droit d'appel exorbitant qui dure deux mois, tandis que le prévenu condamné n'a que dix jours pour appeler. Le parquet peut donc toujours faire venir en appel une sentence qui ne lui semble pas assez sévère.

En matière civile, le parquet en principe doit laisser aux parties qui ont des conseils imposés par la loi le soin de veiller elles-mêmes à leurs affaires. Mais, excepté lorsqu'elles touchent à des intérêts religieux ou à des influences administratives, les matières civiles sont en général absolument étrangères à la politique. Le parquet ne peut guère les étayer que de ses conclusions. Mais nous avons vu quelle action indirecte il peut exercer sur les membres du siège, et quels avantages ont les magistrats à ne pas déplaire au parquet.

Comme si ce n'était pas assez de ces causes multiples, de cette hiérarchie qui depuis le premier Empire n'a fait que se fortifier sous tous les régimes postérieurs, il est une autre raison qui peut expliquer la docilité des cours à suivre certaines impulsions. C'est le grand nombre d'anciens membres du ministère public qu'elles contiennent.

Si le parquet est fort recherché au début, parce qu'un substitut qui est seul a trois fois

autant de chances de remplacer son procureur
qu'un des trois juges du tribunal en a de remplacer son président, il arrive cependant un
âge où les avantages de l'inamovibilité séduisent les procureurs arrivés. Il en est d'autres
qui ne se sont pas assis tout à fait volontaire-
ment. Soit qu'ils n'eussent plus l'activité suffi-
sante, soit qu'ils ne répondissent pas aux idées
politiques du moment, soit même qu'ils eussent fait du zèle maladroit et se fussent trop
compromis pour rester en vue, ce qui arrive
parfois encore, on n'en voulait plus comme
personnalités. En revanche, le ministère de
la justice ne semble pas tenir le moins du
monde à l'individualité des membres du siège,
même dans les cours chargées de prononcer le dernier mot des affaires judiciaires.
Cela pourrait peut-être gêner l'action des
chefs politiques sur lesquels on compte avant
tout. Aussi, selon une expression triviale,
mais singulièrement juste, met-on *dans le
tas* tout ce dont on veut se débarrasser à
un titre quelconque. Le siège devient ainsi,
pour me servir d'un euphémisme, une sorte

de pis-aller. On compte qu'une fois encadrées, toutes les recrues marcheront selon la consigne.

Les meilleures sous ce rapport viennent des parquets. Habituées à l'obéissance hiérarchique, elles sont en outre habiles à susciter des questions de criminalité et ont peine au criminel à se déshabituer de requérir lorsqu'elles ne devraient que juger. Il ne faut pas se dissimuler d'ailleurs que par leurs habitudes d'activité, leur aptitude de parole, la nature de leurs travaux antérieurs, ce sont en général et de beaucoup les membres les plus intelligents des cours; par cela même, leur influence y est plus grande. Parvenus jeunes, ce sont en outre ceux qui ont le plus d'espoir d'avancement, partant les plus ambitieux. Qu'on cherche un peu, et l'on trouvera que les deux tiers au moins des hommes qui sont à la tête de la magistrature ont passé par les parquets.

Une autre conclusion en découle toute seule, celle que je signalais au début relativement à l'esprit des magistrats nommés sous les régimes antérieurs.

CHAPITRE XVI

LES CRITIQUES INJUSTES ET LES SYSTÈMES
FANTAISISTES

Je viens d'énumérer les causes des influences hiérarchiques que subit la magistrature et la raison de ses tendances en apparence rétrogrades. Il n'est certes pas besoin
de chercher d'autres motifs pour expliquer
comment elle renferme en certain nombre,
surtout parmi les plus haut placés, c'est-à-dire
parmi ceux qui ont fait tout leur chemin sous
les anciens ministères, des membres qui n'ont
pas les idées démocratiques que souhaiterait
aujourd'hui la masse des électeurs.

Faut-il que je parle de quelques autres
griefs que j'ai aussi entendu formuler contre

cette institution? Bien que je les considère comme peu sérieux, je vais pourtant les examiner.

On lui reproche sa morgue. Elle affecterait de se croire issue de la cuisse de Jupiter, de vivre à part et de se séparer du reste des citoyens. Les vieilles formes, les cérémonies gothiques, tout ce qui peut rappeler les régimes passés, serait recherché par elle. En un mot, elle voudrait se faire considérer comme l'héritière des vieux Parlements.

A ceci je répondrai qu'il est tout naturel que des hommes attachés aux idées du passé aiment un peu les formes du passé. Mais cela n'est pas la faute de l'institution. Dites que certains magistrats recherchent un peu trop ces archaïsmes. C'est un travers innocent qui tient aux individualités actuelles et non à l'essence de la magistrature. Les Parlements sont bien morts et enterrés, et le danger de leur résurrection est la dernière chose à craindre de nos jours.

La morgue n'existe que dans l'imagination de certaines gens. Si par hasard un magistrat en montre, c'est une exception. Je n'irai pas jusqu'à affirmer qu'il n'y a point quelques sots dans la magistrature française. Le contraire est même probable. Mais un individu sur mille, sur cent, même sur dix, si vous le voulez, suffira-t-il pour donner sa réputation à tout un corps? La vie à l'écart de quelques magistrats tient surtout à leurs goûts d'étude, à leur modestie, à leur pauvreté encore, il faut bien le dire, à des raisons essentiellement honorables.

Laissons donc cela. Ce sont de vieilles phrases et de vieilles idées qui ont continué d'avoir cours, on ne sait pourquoi, et qui rappellent ces vieux dictons restés populaires qu'on ne sait plus à quelle histoire rattacher.

La seule chose qui puisse être critiquée avec quelque raison, c'est la manie des discours officiels qui des Parlements est passée dans notre magistrature moderne. Je reconnais que cela est parfois bouffon et rappelle trop souvent par l'enflure des éloges et le reste la cérémonie du *Malade imaginaire*.

Ainsi une audience solennelle consacrée

chaque année, le jour de la rentrée, à entendre un membre du ministère public lire,
devant un public d'invités et de femmes endi-
manchées, un morceau de rhétorique de sa
façon, me semble en définitive une journée
perdue pour l'expédition des affaires. Un règlement qui édicterait que chaque chambre
civile avant sa séparation fixerait pour une ou
deux semaines le rôle de la chambre qui doit
la remplacer vaudrait certes mille fois mieux
que ce monologue, dont l'édition absorbe
d'ailleurs une partie des frais de bureaux de
la cour. Il est suivi d'une autre cérémonie non
moins inutile. Des avocats viennent à propos
de bottes défiler devant la cour pour prononcer un « *juro* » que rien ne motive et qui
ne peut que scandaliser les personnes sou-
cieuses de la majesté du serment, qui pensent
qu'il ne doit pas être prodigué sans raison.

Mais ce n'est pas aux magistrats qu'il faut
s'en prendre de cette coutume renouvelée des
anciens Parlements. Ce n'est que l'exécution
des articles 33, 34 et 35 d'un décret impérial
du 6 juillet 1810. Tant que ce décret ne sera

pas abrogé, la magistrature, qui ne peut que se conformer à la loi, sera forcée d'ouïr chaque année le morceau de littérature en question, aussi obligé que le couplet final dans les anciens vaudevilles.

Quant aux discours prononcés à l'installation des chefs, où tout pendant deux ou trois heures roule sur ce thème stéréotypé :

« Monsieur, celui que vous remplacez était un grand homme dont nous ne parlons jamais que les larmes aux yeux, tant nous le regrettons ; mais vous en êtes un autre bien plus grand encore, et vous nous le ferez bien vite oublier en le surpassant. Rien ne vous est plus facile.

— Monsieur, c'est vous-même qui en êtes un autre ; pour moi, je n'atteindrai jamais à la cheville de mon prédécesseur. »

J'avoue que, ne fût-ce qu'au point de vue de la modestie des récipiendaires, on pourrait éviter ces coups d'encensoir en plein visage. Il faut un nez particulièrement magistral pour y résister. L'hyperbole atteint parfois en ces circonstances des dimensions si exorbitantes qu'on se demande si ce n'est pas une sanglante ironie. Cependant il n'est pas mémoire qu'un chef s'en soit offensé.

Mais ce sont là encore de simples travers qui ne sauraient influencer les décisions des magistrats lorsqu'ils siégent, et voici en somme la seule chose qu'il faille considérer. Ce sont de mesquins reproches que les ennemis de l'institution actuelle, de plus ou moins bonne foi, lancent dans le public, parce que, touchant au côté ridicule des hommes, ils sont plus aisément saisis par la foule. Il n'y a, je crois, de critiques réellement sérieuses à adresser à la magistrature que celles que j'ai formulées plus haut.

Encore, en ce qui touche l'influence des chefs, ai-je singulièrement exagéré les résultats. Sans doute toutes les causes d'influence que j'ai décrites existent réellement. Mais d'abord les chefs sont loin d'être tous dangereux. Beaucoup seraient incapables de ce que leur conscience leur montrerait comme un manque d'équité. Ils n'emploient leur autorité qu'au bien et dans son sens le plus légitime. Ils savent se dégager de toutes préoccupations politiques ou n'en ont que de libérales. Puis enfin croit-on que tous les magistrats soient sensibles à ces influences?

M. Prévot-Paradol, qui était avant tout un homme ambitieux, — l'histoire de sa vie le prouve, — a écrit dans son livre *la France nouvelle* que les magistrats français, surtout ceux du siège, n'étaient que le rebut des écoles de droit, les fruits secs de la basoche, qui se rabattaient sur ces positions peu rémunérées parce qu'ils étaient incapables de s'en créer d'autres. Bien que non chrétien, si je ne me trompe, M. Prévot-Paradol a jugé en bon chrétien son prochain comme lui-même. Il a cru que tout le monde était ambitieux.

Il ne savait pas qu'il est des natures paisibles, plus sages que d'autres peut-être, qui ne cherchent qu'une vie calme et oubliée, qui mettent la considération au-dessus de la renommée, et qui voient avant tout dans la magistrature une position honorable, permettant de faire un peu de bien, laissant quelques loisirs pour d'autres études et donnant l'assurance de vivre modestement, mais paisiblement, au milieu de sa famille et de ses amis, dans le pays où l'on est né ou que l'on a choisi.

Il est beaucoup de magistrats, et des meilleurs, qui ne voudraient pas avancer, parce que leur avancement nécessiterait leur déplacement. Il en est d'autres qui, poussés par les circonstances à un certain degré, ne voudraient pas aller au delà et par tempérament, modestie, raison de santé, paresse même si l'on veut, estiment qu'il ne leur convient pas de franchir le degré supérieur. Le nombre en est plus grand que l'on ne pense, et c'est pour ceux-là que l'inamovibilité suffit.

Ne demandant aucune faveur aux chefs, ils échappent absolument à leur influence, et les petites vexations qu'ils peuvent en subir ne sauraient atteindre des esprits de cette trempe.

Les ennemis de l'inamovibilité n'ont pas assez réfléchi aux conséquences de leur système. Ils ne voient que l'accident présent et rien au delà. En détruisant la garantie de l'inamovibilité, ils mettraient les magistrats indépendants dans la dépendance absolue du pouvoir et dans la main des chefs hiérarchiques. Le parti momentanément au pouvoir dénierait toute justice aux autres. Ce serait l'écrasement des vaincus encore plus accentué qu'en faisant nommer les juges par le suffrage populaire. Sans citer l'exemple effrayant de Danton, condamné sans être entendu par le Tribunal Révolutionnaire dont lui-même avait demandé la création, souvenons-nous des premières années de la Restauration. Elles nous ont montré ce que le pays gagnait à la suspension de l'inamovibilité.

Elle relève d'ailleurs le magistrat à ses propres yeux et lui donne de sa dignité personnelle un sentiment qui le soutient au milieu de toutes les traverses. La Chancellerie le comprend bien aussi de cette façon. Il n'existe dans son département — la justice aux colonies dépend du ministère de la marine — qu'un seul ressort où la magistrature assise ne soit pas inamovible : c'est celui de la Cour d'Alger. Aussi bien que tenant, d'après les statistiques officielles, le premier rang après Paris au point de vue de l'importance judiciaire, est-il pour la Chancellerie le dernier de la France et une sorte de Botany-Bay. On y déporte les magistrats des autres ressorts dont on veut se débarrasser; on y ose tout ce qui en France soulèverait d'énergiques protestations. Quelles réclamations peut-on craindre de commis révocables au premier caprice ?

Frappés des critiques que l'on adresse à la magistrature de nos jours, et ne se rendant pas compte des causes accidentelles d'où découle l'antagonisme apparent de cette institution et des idées modernes, certains esprits plus prompts que sérieux n'ont rien vu de mieux pour remédier à un désaccord momentané que de bouleverser de fond en comble l'organisation judiciaire actuelle. Toutes les vieilles discussions de l'Assemblée de 1789 ont été reproduites comme des idées neuves et reprises une à une sans tenir compte de la différence des temps. Ça a été un pillage complet des anciens *Moniteurs*.

Quelques-uns, ceux sans doute que les solutions simples séduisent, n'ont rien trouvé de plus à propos que de réclamer la révocation en masse de tous les magistrats inamovibles et leur remplacement par de nouveaux juges dévoués aux idées du moment. Qu'un autre ministère surgisse demain et, fort de cet exemple, en fasse autant, voici la justice non-seulement tenue en laisse par le pouvoir exécutif, mais même, on peut le dire, supprimée. On ne sera plus jugé par des juges, mais par des agents. Le tribunal révolutionnaire, les cours prévôtales et les commissions mixtes deviendront bientôt l'objet de nos regrets. Il n'y aura plus aucune garantie contre les persécutions du pouvoir. Ce sera le plus abominable des despotismes.

D'autres en reviennent au système de l'élection populaire, assurément moins mauvais, mais dont l'expérience faite devrait cependant nous dégoûter. Ce serait bien vite le règne des agents d'affaires, pour ne rien dire de plus. Ce qui peut être admissible dans un petit canton de la Suisse, où tout le monde pour ainsi dire se connaît, n'est point praticable dans notre grande France. Comment les électeurs pourraient-ils apprécier les capacités des candidats? En reviendrait-on pour cela au suffrage à deux degrés des Constitutions de 1791, de 1793 et de l'an III? Et quelles garanties sérieuses présenterait encore ce suffrage à deux degrés?

Enfin, alors que tout le monde voit aujourd'hui avec défaveur le magistrat qui livre sa personne aux hasards d'une élection politique, comment admettre dans ce système un magistrat sollicitant nécessairement le suffrage de sés concitoyens, arborant forcément un drapeau politique, et fatalement amené à considérer comme des ennemis les partis vaincus qui lui opposaient un autre candidat?

Des systèmes mixtes ont été proposés. L'un d'eux consisterait à laisser comme en Belgique à la magistrature le droit de proposer elle-même ses candidats. Il est à remarquer tout d'abord qu'en Belgique ce droit n'appartient pas à la magistrature uniquement. Le pouvoir exécutif est loin d'avoir les mains liées. Enfin j'ai indiqué plus haut l'inconvénient qu'il y a à donner à des compagnies le droit de se recruter elles-mêmes.

Ou bien ce droit est illusoire, ou bien il est utile. Illusoire, il n'en faut point parler ; utile, il transforme bientôt en oligarchies, ou ordres privilégiés dans l'État, les corps auxquels il est attribué. Rien n'est plus anti-démocratique.

Nous n'avons déjà que trop de francs-maçonneries interlopes en France, les polytechniciens, les barbistes, etc., sans compter les associations déguisées sous un prétexte de piété ou de charité. Ces dernières principalement sont de véritables citadelles pour ceux qui en font partie. Quoi qu'ils aient fait, ils y trouvent un refuge inexpugnable à l'occasion, un arsenal dont on ne peut se faire une idée s'ils veulent se rendre maîtres de quelque position sociale. Ce sont en réalité de véritables corporations du moyen âge, cherchant à s'étendre partout, soutenant dans tous les cas leurs affiliés envers et contre tous, exclusives en revanche pour tout ce qui n'est pas elles, dès lors menaçantes pour quiconque n'en fait

pas partie. La magistrature qui leur a été li-
vrée depuis longtemps le sait mieux que personne. Leur programme est l'accaparement
universel, l'admiration mutuelle de tout ce
qui se rapporte à elles, la haine des *barbares*,
dans le sens grec du mot. Comme dans l'Apo-
calypse, tout ce qui est marqué du signe de la
Bête doit être accueilli à bras ouverts ; tout ce
qui ne l'est point doit être rejeté.

Et pourtant ces associations sont occultes,
elles n'ont point d'organisation officielle, et
leur existence est pour ainsi dire latente. Que
serait-ce quand un corps puissant, embrassant
toute la France, consacré par la loi même,
absorberait un des trois pouvoirs essentiels de
toute société, celui qui est chargé de l'application particulière de la loi, le pouvoir judiciaire?

Enfin le propre de toutes les oligarchies
est — voyez les républiques italiennes —
d'être jalouses de ceux de leurs membres qui
montrent quelque valeur et de se prêter trop
volontiers aux petites combinaisons, aux compromis mesquins, aux coteries étroites, aux
tripotages de toute sorte. Oppressives dès le

début pour tout ce qui vit en dehors d'elles, elles finissent toujours par le devenir aussi pour elles-mêmes. Leur moindre défaut est de rouler dans toutes les ornières.

Rien ne serait plus contraire au but que poursuit aujourd'hui la démocratie que cette idée de confier à la magistrature le soin de se recruter elle-même. Mieux vaudrait rétablir les anciens Parlements avec la vénalité des offices! Certains caractères du moins n'en seraient point à coup sûr exclus.

On a aussi voulu adjoindre à la magistrature, pour les propositions de recrutement des magistrats, les avocats et les officiers ministériels de leur future juridiction. Chaque corporation n'aura-t-elle pas alors son candidat? Cela arrive assez souvent dans ces sortes d'élections faites par toutes sortes de petits groupes incapables par eux seuls de constituer une majorité. Chaque variété d'électeurs a des idées particulières à faire triompher. Souvent on se ligue contre le candidat d'une autre corporation. Des coalitions, des compromis scandaleux s'établissent, et l'élection n'a bientôt plus pour but la nomination d'un candidat, mais l'éviction d'un autre. C'est le suffrage universel faussé à son suprême degré. On acclame la première nullité venue si elle peut faire échec à l'individualité que l'on redoute. Tout ce qui a quelque valeur est écarté.

Ce système ne serait d'ailleurs possible que dans certains centres. Dans quelques petites villes sans barreau, il suffirait d'une demi-douzaine de personnes s'entendant pour faire un magistrat. Dans les grandes villes au contraire, où une foule d'avocats qui figurent au tableau n'abordent jamais la barre et se contentent d'un titre honorifique, comment ceux-ci connaîtraient-ils les candidats magistrats et pourraient-ils les apprécier? Qui choisirait les avocats électeurs des magistrats?

Quant aux officiers ministériels, seraient-ils taxés par les magistrats qu'ils auraient eux-mêmes nommés? On verrait donc le dernier recours contre l'exagération du monopole des officiers ministériels livré en réalité aux officiers ministériels! Ce serait la pire des candidatures officielles.

Discuterai-je aussi en passant le système de l'élection du président par ses collègues du tribunal ou de la cour? Notez qu'il y a des tribunaux à trois juges, y compris le président. Une voix et la sienne forment une majorité dans ce cas. Il y a là-dessus toute l'expérience d'une ancienne pratique. C'est la discorde jetée dans la compagnie, la compétition et l'indiscipline en permanence, enfin le bonheur de ce qu'on a appelé sous la Restauration les *ventrus*. La fortune et le choix d'une bonne cuisinière joueront souvent dans ces circonstances un rôle plus important que le savoir et le mérite. Il est bon de se rappeler quelquefois avec cet affreux Voltaire, et quoi qu'en disent Rousseau et son disciple Robespierre, que tout n'est pas parfait sortant des mains de la nature, qui nous fournit les serpents à sonnettes et pas mal de poisons végétaux et minéraux. Parce qu'il a un estomac, l'homme a des appétits ; et qui a des appétits est tenté de les satisfaire. Evitons donc de placer le juge, qui est un homme, entre ses appétits, de quelque nature qu'ils soient, et son devoir. Prenons l'humanité telle qu'elle est et non telle qu'on peut la rêver, et ne mêlons pas le magistrat à des compétitions qui ne peuvent qu'altérer son caractère. Tirons-le au contraire de toutes les tentations.

On a parlé aussi de concours. Ce n'est pas une idée à repousser absolument. On pourrait, avant d'admettre dans la magistrature un candidat, exiger de lui certaines épreuves de capacité dans le genre de celles que l'on demande dans quelques administrations.

Ce serait d'ailleurs le moyen d'empêcher la nomination des intrus que l'on y déverse parfois à titre de débarras politique, grâce à quelque vieux titre universitaire, plus ou moins sérieux, en tout cas bien moisi depuis de longues années, faute de pratique. Quelques-uns dans les délibérés citent le code de leur grand-père et semblent tout surpris quand on leur répond que la loi qu'ils parlent d'appliquer a été abrogée l'année même où la Faculté de Droit a prononcé sur leur tête le *Dignus est intrare*. Ceux-là encore sont les précieux qui n'ont pas tout oublié, et dont le travail pourra refaire l'éducation. Mais il en est d'autres qui n'ont plus même souvenance du code paternel. Ils ne sauraient ouvrir la bouche à l'audience sans égayer l'huissier de service et les jeunes clercs qui stationnent derrière les avoués. On dit qu'il y en a qui arborent sur leurs cartes le titre de docteur en droit : ils auraient bien dû profiter de l'occasion pour apprendre ce que savent les simples licenciés.

Cependant le concours seul ne saurait suffire pour désigner le magistrat. Le concours montre le savoir, mais non l'intelligence, et surtout l'intelligence pratique des affaires, indispensable au juge. Combien de professeurs des Facultés de Droit qui ne sauraient faire un bornage sur le terrain ou telle autre opération de justice de paix! L'application du droit au fait est un travail intellectuel d'une nature toute spéciale. La magistrature contient certes de véritables savants en droit théorique. Que l'on consulte pourtant à leur égard les membres du barreau : en général, ils aiment peu à être jugés par ces forts en thème. Ils craignent à tout le moins une solution qui ne sera pas pratique et qui dès lors restera sans utilité réelle.

La suppléance, telle qu'elle est organisée aujourd'hui, est encore la meilleure école du magistrat. En y adjoignant le concours antérieur, on pourrait arriver à d'excellents résultats.

Quant au concours pour l'avancement, qui le ferait passer ? Ne pourrait-il pas devenir dans les régions supérieures une sorte de moyen de se recruter soi-même ? On l'a supprimé avec raison dans certaines Facultés. Pourquoi l'établir ici ? La vue quotidienne des œuvres du magistrat sera toujours, je crois, le meilleur des concours. Il suffit que ses travaux soient impartialement mis en lumière par des hommes compétents. C'est ce mode dont il faut assurer l'application.

Je n'en ai point fini avec les systèmes remis en avant. On ne parle plus, il est vrai, des juges ambulants et des arbitres publics. Mais des réformateurs radicaux proposent de confier la décision de toutes les affaires civiles et correctionnelles au jury. Ce serait pour celui-ci une bien rude charge, en admettant même de grands frais pour le Trésor Public. Ce serait en outre de grandes lenteurs dans l'expédition des affaires. Voici des points qu'on ne considère pas assez. Les Anglais eux-mêmes critiquent à ce point de vue le système qu'on veut prendre chez eux, où d'ailleurs, il faut bien le dire, il n'existe qu'à l'état d'exception. Ils réclament depuis longtemps une réforme à peu près complète de leur système judiciaire.

Enfin, même avec le jury, il faudrait des juges. En Angleterre, ils ne se font point faute d'indiquer au jury dans quel sens il doit prononcer. Ils le renvoient au besoin dans la chambre de ses délibérations réfléchir sur les observations parfois brutales qu'ils viennent de lui adresser. C'est une des conditions considérées comme essentielles du fonctionnement de ce système de l'autre côté de la Manche. L'admettra-t-on chez nous? Qui nommera ces juges? En somme, la question se dresse aussi ardue dans ces conditions que dans les conditions ordinaires du système français.

Enfin, parce qu'un juré ne saura pas le droit, en jugera-t-il nécessairement mieux une affaire que le juge qui le saura? L'idée des jurés en matière civile pouvait se discuter en 1789 en présence des Parlements encore debout, et alors que tout était à créer. Mais, après l'expérience faite du corps judiciaire actuel, je ne la comprends plus du tout. Pourquoi reprendre une théorie que l'Assemblée Constituante a condamnée dans les conditions exceptionnellement favorables où elle se présentait alors?

CHAPITRE XVII

LES RÉFORMES URGENTES

Il y aurait toutefois, dans cette dernière opinion, non point en ce qui touche le civil, pour lequel une extension de la compétence en premier ressort des juges de paix constituerait un progrès plus réel, mais en ce qui touche le criminel, une idée à relever.

Puisque ses tendances politiques rétrogrades sont ce que l'on reproche tant à la magistrature actuelle, pourquoi lui donner l'occasion d'affirmer ces tendances en lui soumettant, par la voie des affaires correctionnelles, des matières essentiellement politiques? Pourquoi ne pas rendre celles-ci au jury, leur juge normal.

Dans les matières politiques, je comprends, bien entendu, tous les procès de presse et même les questions d'outrage à la magistrature. Il ne convient pas que même indirectement celle-ci soit à la fois juge et partie. Le jugement le plus sain et le plus modéré rendu dans de semblables conditions soulèvera toujours de grosses critiques.

Peu importe comment le jury jugera en des temps de passion politique. Il y a assurément beaucoup moins de danger pour la chose publique à ce qu'on puisse regretter l'impunité obtenue par un diffamateur qu'à ce qu'on voie soupçonner de passion ou de partialité le pouvoir chargé de l'application spéciale de la loi. Dans l'un des cas, une réaction se fait vite dans le sens désirable; dans l'autre, on voit partout, comme aujourd'hui, se multiplier les attaques contre l'institution même de la magistrature, et les condamnations en perdent d'autant en puissance morale.

La magistrature gagnerait à ce changement d'être dégagée de toutes ces questions de parti, où, quelle que soit la solution qui inter-

vienne, elle laisse toujours accrochée une portion de son prestige.

C'était du reste ainsi que nos pères comprenaient la liberté de la presse. Même sous la
Restauration, qui n'était pourtant pas suspecte
de tendresse exagérée pour cette liberté, ni
pour aucune autre, on n'eût pas compris que
les délits de presse ne fussent pas traduits devant le jury. C'est ainsi que l'on avait entendu
la Charte, et la loi de 1819, présentée par le
gouvernement lui-même, comme toutes les
lois de cette époque, donne aux Cours d'Assises
le jugement de tous les crimes ou délits qu'elle
prévoit. Il n'y a d'exception que pour l'injure
et la diffamation envers les particuliers, parce
que ces délits ne présentent aucun caractère
politique.

A la vérité, la Restauration revint plus tard
sur cette loi, mais ce fut au milieu de la fureur
ultra-royaliste provoquée par l'arrivée aux
affaires de M. de Villèle, au moment où la
Congrégation s'emparait de la direction du
gouvernement, à une époque où l'on venait
de renouveler jusqu'au personnel des par-

quets par réaction contre le *jacobinisme* des ministères précédents.

Le premier soin de la Royauté de Juillet fut de rendre à la presse et de donner aux délits politiques la garantie du jury. La loi du 8 octobre 1830 abrogea tout ce que la loi de 1822 sur la presse contenait de contraire à ce principe. C'était le premier des engagements de la nouvelle Charte qui, dans son article 69, énumérait toutes les réformes que le pays voulait voir consacrer par des lois formelles et immédiates.

Il faut descendre jusqu'après le coup d'État de 1851 pour voir les tribunaux réinvestis de la fâcheuse mission de juger ces matières irritantes. Les gouvernements despotiques seuls ont compromis la magistrature dans ces questions passionnantes et ont enlevé au jury la connaissance des faits pour lesquels il semble avoir été le plus spécialement institué. La liberté d'une nation est à la rigueur peu intéressée à ce qu'un voleur soit envoyé aux galères par douze citoyens au lieu de cinq magistrats. C'est peut-être même une question que les magistrats jugeront mieux que les jurés, parce qu'au fond l'existence des circonstances aggravantes est quelquefois une question de droit. Qu'est-ce que la nuit légalement? Qu'est-ce qu'un chemin public? etc., etc? Mais ce qui touche essentiellement à la liberté, c'est que les opinions politiques manifestées par la voie *légale* de la presse, ou par tout autre moyen, ne soient pas déférées à l'examen d'employés du gouvernement qui lui-même en demande la condamnation.

Et cependant, en République, on en est à regretter, au point de vue des juridictions appelées à juger les affaires politiques et la presse, les garanties reconnues nécessaires par la Royauté même. Que dis-je? par le premier Empire aussi, car l'article 64 de l'Acte additionnel de 1815 est ainsi conçu : « Tout citoyen a le droit d'imprimer et de publier ses pensées, en les signant, sans aucune censure préalable, sauf la responsabilité légale, après la publication, par jugement par jurés, quand même il n'y aurait lieu qu'à l'application d'une peine correctionnelle. »

Comment une loi présentée par un ministère qui organisait le régime républicain, en 1875, a-t-elle pu passer la corde au cou de la magistrature en la chargeant de la tâche ingrate de juger ces périlleuses questions? On eût voulu la rendre absolument impopulaire, faire éclater ses imperfections, et arriver à sa suppression, qu'on ne s'y fût pas pris autrement.

C'est depuis lors en effet que les attaques les plus vives ont surgi et se sont accumulées chaque jour, que tous les anciens thèmes de reproche ont été repris contre la magistrature. On l'a rendue personnellement responsable de ce qu'une des premières libertés du pays était menacée par une de ces lois de circonstance, comme on en a malheureusement tant fait en France.

Cette loi a été demandée en effet comme une compensation à l'état de siège qui depuis cinq ans pesait sur le tiers de la France. C'était une arme nouvelle que l'on mettait *provisoirement* aux mains du gouvernement qui allait consulter le pays par la voie des

élections. Dans ce but, on établissait une distinction plus subtile que réelle entre des délits tous considérés jusqu'alors comme ayant
un caractère politique. On séparait arbitrairement, même pour les faits les plus inhérents à
leurs fonctions, les fonctionnaires du gouvernement au nom duquel ils agissaient.

On invoquait comme raisons la lenteur du
mode de répression par les Assises, la nécessité d'une solution plus prompte. C'était du
reste le seul grief qu'on pût légalement invoquer, à moins d'attaquer dans son essence l'ins
titution du jury en toute matière. Mais, au lieu
de chercher un moyen d'accélérer le fonctionnement des Cours d'Assises en ces sortes d'affaires, on supprimait simplement la garantie
du jury dans les cas les plus communs, et on
abandonnait à des fonctionnaires nommés sous
le régime qui venait de s'écrouler le soin de
régler le ton de la nouvelle presse républicaine!

Une des plus urgentes réformes à apporter
à la fois au régime de la presse et à celui de la
magistrature serait d'enlever à celle-ci le juge-

ment des affaires politiques. C'est la première loi à faire *sur la magistrature*.

Une autre réforme urgente également, dont pourtant presque personne ne parle, aurait des conséquences non moins importantes.

Il existe dans chaque tribunal de première instance un juge spécial, appelé *juge d'instruction*, qui a le droit de placer sous mandats de comparution, d'amener, de dépôt ou d'arrêt, c'est-à-dire d'inviter à comparaître devant lui, de se faire amener par la force publique, de faire déposer dans une prison ou de détenir préventivement en état d'arrestation jusqu'au jour du jugement, les citoyens sur lesquels pèse une inculpation. C'est ce même magistrat qui ensuite rend soit des ordonnances de non-lieu qui exonèrent de la poursuite, soit des ordonnances de renvoi en simple police ou devant la police correctionnelle s'il s'agit de simple contravention ou de délit, soit des ordonnances de renvoi devant la chambre des mises en accusation en cas de crime. L'effet normal de ces dernières ordonnances est d'entraîner plus tard les inculpés devant les Cours d'Assises.

Le juge d'instruction constitue, en matière criminelle, une véritable juridiction, maîtresse de la liberté de tous, pouvant presque à son gré ordonner ou prolonger la détention des inculpés.

A la vérité, sauf le cas fort rare de flagrant délit de fait pouvant entraîner une peine afflictive et infamante, le juge d'instruction ne doit agir qu'après avoir été mis en mouvement par les réquisitions du Ministère Public; et au-dessus de lui existe à la cour une juridiction d'appel, appelée la *Chambre des mises en accusation*, devant laquelle on peut se pourvoir contre ses décisions. Le parquet a aussi le droit d'appel devant cette chambre si le juge d'instruction ne se conforme pas à ses réquisitions. Il y a enfin une sorte d'appel tacite ou de droit dans le cas de *crime* admis par le juge d'instruction. Celui-ci en effet ne renvoie pas directement devant la Cour d'Assises, mais, ainsi que je l'ai dit tout à l'heure, devant la chambre des mises en accusation, qui seule, après avoir pris connaissance de la procédure d'instruction, peut prononcer le renvoi de l'accusé devant les Assises. Elle peut aussi réformer le travail du juge d'instruction, annuler son ordonnance et en rendre une autre (sous le nom d'arrêt) de non-lieu ou de renvoi devant une autre juridiction. Mais on voit par ce qui précède l'importance des fonctions confiées au juge d'instruction.

Aussi son emploi est-il un emploi d'avancement. Il a un cinquième en sus du traitement des autres juges. Il est presque l'égal du vice-président. Des fonctions mieux rémunérées l'attendent à peu près à coup sûr. Les quatre cinquièmes des magistrats du siège qui atteignent aux grades supérieurs ont passé par l'instruction. C'est un des degrés presque nécessaires à franchir pour obtenir une présidence.

Or le juge d'instruction n'est pas inamovible dans son emploi d'instructeur. Il n'est nommé que pour trois ans. C'est le même parquet qui lui adresse des réquisitions qui lui donne aussi des notes. En vertu de l'article 57 du Code d'instruction criminelle, le juge d'instruction est, « quant aux fonctions de la police judiciaire,

sous la surveillance du procureur général. »
Il ne saurait même obtenir un congé sans
l'assentiment de ce dernier.

Voici donc une juridiction des plus importantes, possédant un pouvoir spécial d'une
gravité exceptionnelle, ayant en quelque sorte
la haute main sur la liberté de chacun, le droit
de perquisition et de recherche dans toutes
les familles, qui se trouve confiée à un juge
unique qui ne peut s'éclairer ni par la délibération ni par la plaidoirie ; mais en revanche ce
juge si redoutable se trouve placé lui-même
dans la dépendance la moins déniable du parquet, du gouvernement, de l'accusateur, de
l'intéressé au succès de la poursuite !

On objectera que la chambre d'accusation
peut réformer les décisions du juge d'instruction et annuler aussi l'effet de ses mandats de
dépôt et d'arrêt. Mais l'appel ou l'opposition,
comme on voudra appeler ce pourvoi devant
la chambre des mises en accusation, n'est
point suspensif. Cette chambre ne statue pas
instantanément. Sa décision souvent tardive
ne saurait dans bien des cas réparer un mal

irréparable. En admettant même la solution la plus utile, l'inculpé n'en aura pas moins été gravement atteint dans son honneur, dans sa considération, dans ses intérêts, dans sa liberté.

Ainsi prenons une des mesures les moins graves en apparence, du caractère le plus temporaire, le mandat d'amener. Il peut être remplacé par un mandat de comparution.

En ce dernier cas, la personne mandée à comparaître se rend seule au cabinet du juge d'instruction, comme le ferait un témoin; excepté l'agent qui lui a signifié ce mandat, nul, en dehors du cabinet d'instruction et du parquet, ne sait qu'elle est inculpée. Mais, au cas de mandat d'amener, l'inculpé est *amené* par la force publique, parfois garrotté, au lieu où se fait l'instruction. Il peut venir de l'extrémité de l'arrondissement, ou même d'un autre arrondissement peut-être fort éloigné. En route, il sera déposé avec les malfaiteurs dans les geôles, pendant la nuit, ou pendant le repas des gendarmes. S'il arrive trop tard pour être interrogé, il passera encore une nuit en prison.

Il est vrai que le lendemain il sera peut-être

mis immédiatement en liberté sur les explications fournies par lui et aura le droit de s'en retourner à ses frais à son domicile.

On ne saurait saisir la chambre des mises en accusation de cet abus. Sa décision eût été absolument inutile en ce cas. On ne peut que porter une plainte vague au procureur de la République, chargé de veiller sur la liberté de tous. Mais croit-on que le parquet, qui aura probablement requis lui-même les poursuites contre l'inculpé, blâmera le juge d'instruction de sa *vigueur ?* Il arrivera parfois, je n'ose dire souvent, que cet emploi du mandat d'amener au lieu du mandat de comparution vaudra au contraire une excellente note au juge qui aura ainsi affirmé sa *fermeté*. Ce sont là des vertus fort goûtées chez les juges d'instruction.

En outre, il y a quelquefois entre les délits et les crimes de bien faibles nuances au début de l'information. Un individu en blesse un autre avec un couteau. Est-ce une tentative d'assassinat, une tentative de meurtre, des coups et blessures avec circonstances aggravantes, des coups et blessures simples, ou même des coups et blessures par imprudence? Selon la qualification, et sans parler des circonstances atténuantes possibles, des cas prévus par la loi d'excuse légale, etc., la peine variera de la mort à six jours de prison ou même à seize francs d'amende seulement. On comprend que la détention provisoire de l'inculpé dépendra beaucoup de la nature de l'inculpation. Or il en sera de même dans une foule de circonstances qui se rattachent à la politique et où le parquet verra naturellement tout sous l'aspect le plus grave. Pour peu que le juge d'instruction placé sous sa surveillance accueille ses réquisitions sans examen sérieux, les inculpés seront l'objet des mesures les plus rigoureuses.

Nous venons d'en voir une que la chambre des mises en accusation ne saurait réparer. Dans d'autres cas, l'inculpé, privé pendant un certain temps de sa liberté en vertu d'un mandat de dépôt ou d'arrêt, aura subi un tort considérable, peut-être sans remède. Un commerçant pourra en être à jamais ruiné.

Enfin la chambre des mises en accusation elle-même n'offre pas des garanties assez sérieuses. Composée de cinq magistrats de la cour d'appel, dont un président de chambre, qui appartiennent tous à d'autres chambres et ne se réunissent en quelque sorte qu'accidentellement, elle est considérée comme une corvée par beaucoup. Il est presque impossible en outre que les conseillers connaissent les dossiers sur lesquels ils doivent statuer.

Il en est du reste de même dans la plupart des affaires civiles. Quand un membre d'une chambre veut lire à tête reposée les conclusions des plaideurs *ânonnées* à l'audience et les considérants du jugement critiqué, il lui faut recourir au bon vouloir du président, seul maître du dossier, de l'heure du délibéré, de celle du prononcé de l'arrêt et d'une foule de choses qui lui donnent une singulière prépondérance dans la discussion de la décision qui doit trancher le litige. C'est là un des vices de l'organisation actuelle qui toujours et en tout subordonne les magistrats au président. Aussi peut-on comparer la chambre des mises en accusation aux quatre hommes et un caporal d'une patrouille. Le caporal seul connaît le mot d'ordre et la consigne du jour.

Voici du reste ce qui se passe presque partout *dans la pratique.*

Si l'on suivait textuellement la loi, on n'arriverait pas à un résultat beaucoup meilleur.

Un membre du parquet général dépose ses conclusions devant la chambre et les développe par l'historique du fait incriminé et le résumé des charges qu'il a relevées dans le dossier. Le président, le seul membre de la chambre qui ait vu le dossier, approuve les conclusions ou expose quelques objections. Si le président approuve, tous naturellement approuvent. Ce n'est qu'au cas où le président appellera l'attention sur un point que ce point sera examiné.

On voit tous les vices de ce système. En réalité, c'est le ministère public qui dirige le débat. Légalement, il devrait faire donner lecture de toutes les pièces du dossier par le greffier au lieu de le résumer. Mais il y a des dossiers qui atteignent un millier de pièces, et dans certains ressorts il vient jusqu'à douze et même quinze dossiers à la fois devant la chambre des mises en accusation. Le mode de résumé s'explique donc dans bien des cas comme une nécessité. Une simple lecture d'ailleurs pourrait laisser bien des points dans l'ombre. Un avocat ne lit jamais une pièce sans la souligner, l'accentuer, la commenter. Peut-on espérer d'un greffier indifférent, qui lui-même lit le dossier pour la première fois, l'habileté oratoire qui chez l'avocat attire l'attention sur le point décisif?

La loi ne dit pas expressément que le dossier aura été communiqué au président. Mais c'est dans son esprit, et cela se fait toujours. C'est le corollaire et le contrôle du mode de résumé suivi dans la pratique. Mais supposez un président trop âgé, malade, inintelligent, paresseux, ou confiant à l'excès dans les appréciations du membre du ministère public, et le renvoi d'un accusé devant les assises, le maintien de sa détention en attendant jugement, n'auront été l'objet d'aucun examen, d'aucune discussion. Les conclusions du parquet général, qui ne sont peut-être elles-mêmes que la reproduction de l'ordonnance du juge d'instruction rendue conformément aux réquisitions du parquet de première instance, seront reproduites textuellement dans l'arrêt de renvoi.

La loi accorde bien, il est vrai, à l'inculpé le droit d'envoyer comme défense un mémoire écrit à la chambre d'accusation, où il ne peut être entendu en personne.

Mais c'est un droit dont l'inculpé n'abuse pas. Il ne connaît même pas le jour où la chambre se réunira pour s'occuper de son affaire. Rien ne l'en avertit.

La procédure criminelle fait chaque jour des progrès en arrière depuis 1789. Elle est redevenue secrète sur une foule de points. L'inculpé a ignoré absolument les conclusions du parquet de première instance sur lesquelles le juge d'instruction a basé son ordonnance, et le règlement de l'information qui le concerne s'est fait à son insu. La chambre des mises en accusation s'entoure du même mystère. L'inculpé ne sait pas davantage

quelles sont les conclusions du procureur général. Aussi, dans la pratique, n'envoie-t-il jamais, ou pour ainsi dire jamais, de mémoire.
A quoi répondrait ce mémoire ?

Ce n'est que lorsqu'on lui notifiera l'arrêt
de renvoi devant les assises et l'acte d'accusation, quelquefois un ou deux mois plus tard,
que le prévenu connaîtra enfin d'une façon
certaine l'accusation à laquelle il aura à répondre devant le jury. Il pourra à ce moment
se pourvoir en cassation contre les vices de
forme d'une procédure jusqu'alors restée secrète pour lui. Mais provisoirement (je parle
ici du *quod plerumque fit*) il gardera prison,
et, s'il est reconnu innocent plus tard, son
pourvoi n'aura eu d'autre effet que de retarder
son acquittement et de prolonger sa détention.

Il y a là évidemment une réforme à opérer.
Le retour au passé serait déjà un progrès.
Jusqu'en 1856, c'était la chambre du conseil du tribunal de première instance qui sta-
tuait sur les suites de l'information à laquelle
avait procédé le juge d'instruction, et les Constitutions de 1791, de 1793, de l'an III et même

de l'an VIII ne renvoyaient un accusé devant un jury de jugement qu'après avoir fait statuer par un jury d'accusation sur les griefs qu'il convenait de lui imputer.

Dans tous les cas, le règlement de la procédure à huis clos entre le parquet de première instance et le juge d'instruction, et la décision définitive de la chambre des mises en accusation rendue sans que l'inculpé ait été mis en demeure de se défendre, sont des procédures secrètes, dignes des temps barbares, et pouvant donner lieu à une foule d'abus qu'un peuple réellement libre ne saurait admettre.

J'estime qu'après avoir opéré les quelques réformes que je viens d'indiquer sommairement, et sans même refaire les règlements autocratiques qui soumettent la magistrature aux chefs des ressorts, la démocratie aurait peu à redouter de l'institution judiciaire actuelle, quel que soit son esprit. Mais évidemment ceci ne suffit pas. Il y a plus à faire qu'à annuler une résistance au progrès. Il faut que le pouvoir judiciaire devienne une force active organisée au profit de la liberté de tous.

C'est là surtout l'objet de cette étude, et j'espère arriver comme dernière conclusion à montrer que rien n'est plus facile.

CHAPITRE XVIII

LE SÉNAT ACTUEL

Il n'existe pas à proprement parler de Constitution actuellement en France, mais seulement un ensemble de lois constitutionnelles, qui, bien que pouvant subsister au besoin indéfiniment, dans la pensée de ses auteurs a dù surtout régler le *modus vivendi* du pays du jour où ces lois ont été promulguées au 20 novembre 1880. Il n'est écrit nulle part que ce soit là l'échéance fatale de ce régime que tous les partis considèrent comme provisoire ; mais c'est l'échéance à laquelle il pourra être mis en question par tous, et tous l'attendent soit avec impatience, soit avec inquiétude.

La première de ces lois constitutionnelles est celle du 20 novembre 1873, qui a confié pour sept ans le pouvoir exécutif au Maréchal de Mac-Mahon, duc de Magenta, qui doit l'exercer sous le titre de Président de la République Française.

Le 25 février 1875 est intervenue la loi relative à l'*organisation des pouvoirs publics*. L'article 1ᵉʳ porte que « le pouvoir législatif s'exerce par deux Assemblées : la Chambre des Députés et le Sénat. »

Les deux Chambres, d'après les articles 2 et 7, se réunissent en Assemblée Nationale pour élire le Président de la République à la majorité absolue des suffrages. Le nombre des députés étant à celui des sénateurs à peu près comme 21 est à 12, on voit tout d'abord que le Sénat ne joue qu'un rôle secondaire dans cette élection.

Le Président de la République peut, aux termes de l'article 5, dissoudre la Chambre des Députés, mais seulement sur l'avis conforme du Sénat. Ici, la prééminence appartient au Sénat.

L'article 8, qui est en quelque sorte l'article fondamental de tout cet ensemble constitutionnel, est ainsi conçu : « Les Chambres auront le droit, par délibérations séparées, prises dans chacune à la majorité des voix, soit spontanément, soit sur la demande du Président de la République, de déclarer qu'il y a lieu de réviser les lois constitutionnelles. — Après que chacune des deux Chambres aura pris cette résolution, elles se réuniront en Assemblée Nationale par procéder à la révision. — Les délibérations portant révision des lois constitutionnelles, en tout ou en partie, devront être prises à la majorité absolue des membres composant l'Assemblée Nationale. — Toutefois, pendant la durée des pouvoirs conférés par la loi du 20 novembre 1873 à M. le Maréchal de Mac-Mahon, cette révision ne peut avoir lieu que sur la proposition du Président de la République. »

Le paragraphe final de cet article donne la clef du 16 mai. Si la Chambre des Députés élue en 1877 eût amené une majorité monarchique, une constitution monarchique eût pu immédiatement être élaborée et supprimer, pour commencer, la loi du 20 novembre 1873. Le Président de la République eût fait personnellement les premiers frais de la mesure que son ministère eût nécessairement provoquée en présence d'une semblable majorité dans les deux assemblées.

Dans les conditions actuelles de la Chambre des Députés, toute pensée de cette nature est légalement impossible. Mais la Chambre des Députés ne saurait, après le 20 novembre 1880, faire proclamer la République comme gouvernement définitif non révisable de la France que si le Sénat, par délibération séparée, décide qu'il y a lieu de réviser les lois constitutionnelles de 1785. La question de la majorité dans le Sénat est donc devenue actuellement la question capitale pour tous les partis.

Une loi qui est presque de la même date que celle sur l'organisation des pouvoirs publics, la loi du 24 février 1875, a ainsi organisé le Sénat :

« Le Sénat se compose de 300 membres, 225 élus par les départements et les colonies et 75 élus par l'Assemblée Nationale. »

Chaque département en principe élit deux sénateurs. Cependant la Seine et le Rhône en élisent chacun cinq, six autres département chacun quatre, vingt-sept autres encore chacun trois ; enfin le territoire de Belfort, les trois départements de l'Algérie et les quatre colonies de la Réunion, la Guadeloupe, la Martinique et l'Inde Française, chacun un seulement. C'est une question de population.

Tout citoyen français âgé de quarante ans peut être élu sénateur, pourvu qu'il jouisse de ses droits civils et politiques.

Le Sénat a, concurremment avec la Chambre des Députés, l'initiative et la confection des lois. Toutefois les lois de finances doivent en premier lieu être présentées à la Chambre des Députés et votées par elle.

Le Sénat peut être constitué en Cour de Justice pour juger le Président de la République ou les ministres, ou pour connaître des attentats commis contre la sûreté de l'Etat.

Les sénateurs élus primitivement par l'Assemblée sont inamovibles. En cas de vacances, ils sont remplacés par le Sénat lui-même, qui fait aussi des choix inamovibles.

C'était là le type caractéristique du Sénat de Sieyès. En réalité, les nominations faites par l'Assemblée ne l'ont été qu'à titre exceptionnel. En droit, c'est le Sénat qui se recrute lui-même. L'Assemblée n'est intervenue la première fois que parce que, le Sénat n'existant pas encore à ce moment, il fallait en former le noyau. On eût pu tout aussi bien décider que les 225 sénateurs élus par les départements se compléteraient eux-mêmes jusqu'au nombre de 300. C'est ce qui avait été fait en l'an VIII, où les deuxième et troisième consuls sortants et les deuxième et troisième consuls entrants avaient à eux quatre nommé la majorité du premier noyau du Sénat, qui avait ensuite élu elle-même les autres sénateurs.

Les sénateurs des départements et des colonies sont élus à la majorité absolue, et, quand il y a lieu, au scrutin de liste, par un collège réuni au chef-lieu du département ou de la colonie et composé : 1° des députés ; 2° des conseillers généraux ; 3° des conseillers d'arrondissement ; 4° des délégués élus, un par chaque conseil municipal, parmi les électeurs de la commune.

Ce système d'élection est assez bizarre. D'abord il admet le scrutin de liste, formellement repoussé pour l'élection des députés. Si ce système est bon dans un cas, pourquoi ne l'est-il pas dans l'autre ? Il est impossible à un honnête homme d'essayer de répondre.

Le député qui représente tout un arrondissement n'a qu'une voix, comme le conseiller général, qui ne représente qu'un canton, comme le délégué, qui ne représente qu'une commune.

Cependant le député peut être à la fois député, conseiller général et conseiller municipal. La logique de l'illogisme qui admet qu'un fonctionnaire puisse être revêtu de fonctions électives devait amener à ce résultat déplorable qui accumule sur la tête du même individu des mandats parfois contradictoires et qu'en tout cas il ne saurait matériellement exercer à la fois.

Le député en question pourra même dans un autre département être encore conseiller d'arrondissement.

Mais supposons seulement le député conseiller général et conseiller municipal dans le même département ; on le voit perdre une voix lors de l'élection définitive, mais concourir cependant à la nomination du délégué communal. Le conseiller général en même temps conseiller municipal pourra également prendre part à l'élection de deux manières, directement par lui-même, indirectement par le délégué à l'élection duquel il aura participé. Dans ces conditions de cumul, le titre de député n'a plus aucune utilité. C'est cependant le plus important et le plus grave de tous.

On peut aussi supposer ces fonctions exercées dans des départements différents et arriver à des résultats plus singuliers encore : le même électeur concourant à plusieurs élections en même temps. Ce n'est qu'une question de distances.

En ce qui touche les délégués, le plus petit

trou de quelques centaines d'habitants en nomme un dont la voix a la même valeur que celle du délégué qui représente les 2,000,000 d'habitants de Paris, ou les grands intérêts commerciaux de Lyon, Bordeaux, Marseille, Rouen, Lille, Nantes, Saint-Etienne, Toulouse, Le Havre, etc.

Certain député à lui seul représente cent communes qui ont chacune pourtant leur délégué spécial, tandis qu'à Paris il n'y a qu'un seul délégué pour une commune que représentent vingt députés !

C'est du suffrage à deux degrés pour les uns, les députés, les conseillers généraux, etc., du suffrage à trois degrés pour les autres, les délégués des conseils municipaux.

Le député vote dans l'élection du sénateur qui votera sur la loi votée par le député.

Enfin, on vient de le voir, il y a des sénateurs de deux catégories, les uns inamovibles, les autres élus pour neuf ans seulement, pour moins même, puisque, au début de la première session du Sénat, on a tiré au sort les départements dont les représentants devront être renommés au bout de trois ou six ans, conformément à l'article 6, qui édicte que le Sénat doit se renouveler par tiers tous les trois ans.

On n'a pas prévu le cas où un sénateur amovible se porterait candidat pour être sénateur inamovible. Il y a cependant une grande différence entre ces deux positions. L'une est soumise au contrôle des électeurs, l'autre y échappe absolument. L'une est sûre, l'autre est éventuelle.

Chacune de ces deux catégories représente, il est vrai, comme dans les combinaisons compliquées de Sieyès, le suffrage universel, mais pas de la même façon ni au même degré. L'une s'y retrempe constamment et en émane au plus loin, par les délégués des communes, au troisième degré; l'autre, qui représente les sénateurs eux-mêmes, n'en procède ainsi qu'au quatrième degré et peut voir ses électeurs disparaître à jamais dans une non-réélection. Elle survit alors au mandat normal de ceux qui lui ont donné le leur.

Il y a donc des sénateurs de deux sortes

bien tranchées, mais dont les droits politiques sont cependant absolument identiques.

Nous n'en avons pas fini avec les bizarreries de cette organisation.

Si nous comparons les députés et les séna-teurs, nous voyons que tous deux émanent du suffrage universel et le représentent au même titre. Pourquoi alors avoir édicté deux modes d'élection absolument différents ? Nous avons déjà vu que l'un adopte le scrutin de liste, tandis que l'autre le repousse. Les uns sont nommés directement, les autres par des sé-ries de mandataires dont quelques-unes repas-sent elles-mêmes leur mandat à d'autres.

Laquelle de ces deux manières est la meil-leure ?

Je n'entreprendrai pas de trancher la ques-tion et d'établir un parallèle entre les deux assemblées. Je constate toutefois que chacun de ces systèmes a donné politiquement un résultat entièrement différent de l'autre. La Chambre des Députés est républicaine, le Sénat monarchique. Comment la même chose peut-elle produire à la fois le blanc et le noir ?

Cela tient évidemment au mode employé dans chaque cas pour arriver au résultat. Donc l'un de ces modes altère ce résultat. J'admets que ce soit ce qu'on a voulu; j'admets même que ce soit une excellente chose; mais alors, si l'un de ces modes vaut mieux que l'autre, il y en a forcément un des deux qui est moins bon. A quelque point de vue qu'on se place, on est en présence d'une institution mauvaise; c'est la seule conclusion logique à tirer de cette comparaison.

A la vérité, on ne s'accorde point pour dire quelle est cette institution mauvaise; chacun critiquera celle qui ne correspondra pas à ses idées. Mais un système n'en est pas moins fâcheux quand, par le seul examen des conséquences qu'il entraîne, il fait surgir des critiques qui atteignent sérieusement l'un ou l'autre des pouvoirs publics.

Du moment que le Sénat représente comme la Chambre des Députés le suffrage universel, il sera toujours difficile d'échapper à ce dilemme : Ou bien le Sénat aura absolument les mêmes idées que l'autre assemblée qui émane de la même source et alors son action pondératrice sera nulle ; on verra à l'occasion se renouveler les conflits qui se sont produits avec le pouvoir exécutif sous la constitution de l'an III ; ou bien le Sénat aura un autre esprit que la Chambre des Députés, et le public en arrivera, au premier conflit entre elles, à se demander laquelle des deux assemblées représente réellement l'opinion du pays manifestée par le suffrage universel. De ce jour-là, l'une des deux Chambres, celle contre laquelle l'esprit public aura conclu, sera morte moralement.

On sera encore en pleine anarchie en ce cas, car il n'existera plus en réalité que des pouvoirs hostiles en présence. Toute pondération aura disparu, et le premier audacieux qui voudra tenter un 18 brumaire ou un 10 août aura la partie belle.

Il faut que la Deuxième Chambre représente un *principe particulier*. Ce n'est qu'à cette condition qu'elle peut utilement, en toute circonstance, exercer une action pondératrice.

Je n'ai pas à examiner ici la loi organique

du 2 août 1875, sur l'élection des sénateurs.
Comme la loi organique sur l'élection des députés, elle a, à mon avis, le tort radical de
transiger illogiquement sur les questions d'incompatibilité. Ces incompatibilités devraient
être absolues.

On peut aujourd'hui être sénateur *in par-
tibus*, résider à 1,500 kilomètres du Sénat,
n'y jamais paraître, figurer dans les rangs de
la gauche en servant les ministères de la
droite, et, grâce au soin que l'on a pris de ne
jamais émettre un vote quelconque, grâce à
ce rôle de Madame Benoiton, se conserver
sous tous les régimes dans une position admi-
nistrative essentiellement politique, aux gros
émoluments de laquelle on joint soigneusement son indemnité de sénateur gagnée de
la façon qu'on vient de voir.

Voici ce que donnent les fonctions législatives confiées à des fonctionnaires de quelque grade qu'ils soient. L'exemple est topique,
et le nom facile à trouver.

La loi constitutionnelle du 16 juillet 1875,
sur les rapports des pouvoirs publics,

édicte que le Sénat et la Chambre des Députés doivent être réunis au moins cinq mois par an, que leurs sessions commencent et finissent ensemble, et qu'à moins de convocation antérieure du chef de l'Etat les deux assemblées se réunissent de droit le deuxième mardi de janvier.

Le Président de la République peut convoquer extraordinairement ou ajourner les Chambres pour un mois. Toutefois il ne peut les ajourner plus de deux fois par session. Il prononce aussi la clôture des sessions.

Un mois avant le terme de ses pouvoirs, il réunit le Sénat et la Chambre des Députés pour procéder à l'élection de son successeur. Faute de convocation, les Chambres se réunissent de plein droit quinze jours avant celui de l'expiration des pouvoirs du Président de la République.

La loi a aussi prévu le cas de décès ou de démission du chef de l'Etat, ainsi que celui où la présidence de la République deviendrait vacante après la dissolution de la Chambre des Députés. En ce dernier cas, les collèges électoraux sont immédiatement convoqués, et le Sénat se réunit de plein droit.

Les séances du Sénat sont publiques. Il nomme son président et son bureau. Il vérifie les pouvoirs de ses membres. Lorsque les deux Chambres sont réunies en assemblée nationale, leur bureau se compose des président, vice-présidents et secrétaires du Sénat.

Les Chambres peuvent être appelées par le Président de la République à délibérer de nouveau sur une loi avant sa promulgation.

Les questions de paix et de guerre, les traités de commerce et ceux qui engagent les finances de l'Etat, doivent être approuvés par le Sénat comme par la Chambre des Députés.

Enfin cette loi rappelle que, d'après celle du 25 février précédent sur l'organisation des pouvoirs publics, le Sénat peut être appelé à juger le Président de la République et les ministres sur l'accusation portée contre eux par la Chambre des Députés. Il peut être constitué également en cour de justice par le chef du pouvoir exécutif, pour juger toute personne prévenue d'attentat contre la sûreté de l'Etat.

Les assemblées politiques ont peu à gagner à ce dernier rôle. Elles sont toujours plus ou moins parties en cause, et des juges politiques ne seront d'ailleurs jamais considérés comme de vrais juges par la conscience publique.

On conçoit que le Sénat juge exceptionnellement le Président de la République et les ministres, parce qu'il s'agit alors de crimes d'une nature toute spéciale et parce que l'accusateur est la Chambre des Députés, qui représente la nation. A un crime tout spécial on peut donner une juridiction toute spéciale. C'est une véritable condamnation politique qui intervient alors.

Mais encore serait-il bon de décider, avec la constitution des Etats-Unis, qu'en ce cas la peine prononcée ne pourra aller au delà de la « perte de la charge » et de l'incapacité d'exercer à l'avenir aucune fonction « impliquant honneur et confiance », sauf à renvoyer pour le surplus, s'il y a lieu, devant les juridictions de droit commun l'agent ainsi dégradé.

CHAPITRE XIX

LES DEUXIÈMES CHAMBRES : RÉSUMÉ

> Pour qu'on ne puisse abuser du pouvoir,
> il faut que par la disposition des choses le
> pouvoir arrête le pouvoir.
>
> MONTESQUIEU.

J'ai amené la double question que je traite au point où il ne me reste plus en quelque sorte qu'à conclure.

J'ai montré ce qu'ont été les Deuxièmes Chambres en France dans le passé, ce qu'elles sont dans les autres états civilisés, ce qu'est le Sénat actuel dans notre constitution provisoire. J'ai montré également ce qu'est la magistrature chez nous, ce qu'elle a été au début de notre révolution, ce qu'elle est dans le reste de l'Europe et aux Etats-Unis. J'ai examiné au point de vue critique chacune de ces institutions et ses diverses formes.

Je n'aurais pas à la rigueur besoin de revenir sur ces questions. Je crois cependant pour plus de clarté devoir me résumer avant de formuler ma conclusion.

Les Deuxièmes Chambres sont une nécessité de tout état libre, où le droit de discuter la loi et de voter l'impôt appartient réellement à la nation.

Il ne saurait y avoir d'états libres que ceux où les pouvoirs sont indépendants les uns des autres ; et l'indépendance du pouvoir législatif et du pouvoir exécutif, les plus exposés aux conflits, n'est assurée que par l'indépendance d'un troisième pouvoir qui intervient pour empêcher leurs empiètements mutuels.

C'est un pouvoir fatalement despotique que celui qui réunit entre ses mains les attributs essentiels de la souveraineté : faire la loi, l'exécuter, l'appliquer aux espèces particulières qui peuvent intéresser les citoyens dans leur vie privée. Peu importe que ce pouvoir soit un homme ou une assemblée : le despotisme n'en existe pas moins dans un cas comme dans l'autre. Lorsqu'une institution quelconcon dispose de toutes les façons d'un citoyen sans que celui-ci puisse recourir à la protection efficace d'une autre institution, l'institution en vigueur est un despotisme, et le citoyen n'est qu'un esclave.

Un sujet du roi d'Angleterre trouvait au XVIII° siècle que les citoyens de la République de Venise n'étaient pas libres en comparaison de lui, et il avait raison. Cela tenait à la constitution de chacun de ces pays. A Venise, les fonctions politiques étaient multiples en apparence, mais tous les pouvoirs étaient confondus. En Angleterre, le pouvoir exécutif, qui laissait toute liberté au pouvoir judiciaire, était tenu de respecter la loi faite par le pouvoir législatif.

Sans une Deuxième Chambre, un antagonisme fatal s'établit bien vite entre le pouvoir législatif et le pouvoir exécutif. Ou bien l'un des deux cède et se soumet, et la liberté n'existe plus que de nom ; ou bien la lutte déchire l'Etat et amène une révolution.

En intervenant dans le conflit, la Deuxième Chambre le modère, amortit les chocs et joue le rôle d'un arbitre qui tranche les difficultés entre les deux pouvoirs rivaux.

Mais, pour atteindre ce but, il faut que la Deuxième Chambre soit elle-même un pouvoir national, réel, indépendant, avec lequel les deux autres doivent forcément compter, parce qu'il s'appuie sur l'opinion générale du pays.

Dans certains états, tels que l'Angleterre, ce pouvoir est l'aristocratie. Ayant des droits et des privilèges spéciaux qui en font une classe spéciale dans la nation, elle se sépare assez de celle-ci sur certains points pour pouvoir jouer le rôle d'intermédiaire entre elle et la royauté. C'est sa place toute marquée dans cette constitution d'origine féodale. Les grands vassaux se joignent au peuple pour assurer leur liberté commune contre le chef de l'Etat et se joignent au chef de l'Etat pour assurer leurs privilèges communs contre le peuple. Aucun système n'est plus propre à conjurer les révolutions lorsque l'aristocratie est sage et libérale. Ç'a été la fortune de l'Angleterre de tomber sur une aristocratie de cette sorte. Elle a sacrifié elle-même ceux de ses droits qui pouvaient nuire au développement de la prospérité nationale. Aussi les révolutions en Angleterre ont-elles été purement politiques et non sociales.

J'ai indiqué comment la noblesse française, étranglée par la royauté bien longtemps avant 1789, avait achevé de se suicider par l'émigration. Elle n'existe plus que comme une sorte de souvenir, si l'on peut toutefois donner ce nom à quelque chose d'origine toute récente. Car, sans parler des flots d'anoblissements achetés sous les deux derniers règnes avant la Révolution, en la seule année 1814 on a fabriqué plus de nobles que pendant toute la durée de l'antique monarchie, depuis le jour où Philippe le Bel s'était arrogé le droit de faire des gentilshommes de ses légistes.

Il se trouve bien dans le Code *pénal* un article jadis vivement discuté, abrogé, puis rétabli, qui semble réserver à la noblesse française le droit exclusif de porter les anciens titres féodaux ; mais il s'agit d'une chose considérée comme si peu sérieuse que les plus démocrates ne songent plus même aujourd'hui à redemander l'abrogation de ce texte jugé inutile et sans portée.

La Révolution française est avant tout une révolution démocratique, et elle a effectivement démocratisé la France. Elle n'a pas été faite contre la royauté, mais contre les privilèges féodaux qui avaient survécu à la puissance de la noblesse. Toute la Révolution est contenue dans la nuit du 4 août 1789. Si la royauté sombra un peu plus tard, ce fut le résultat de la lutte forcée du pouvoir législatif, jaloux de ses droits nouveaux, et du pouvoir exécutif, regrettant son ancienne omnipotence, imprudemment placés en face l'un de l'autre sans pouvoir intermédiaire.

La France ne saurait donc chercher ce tiers pouvoir dans une aristocratie qu'elle a perdue depuis des siècles. Autant vaudrait entreprendre de restaurer le culte de Jupiter ou de Teutatès. Ce qu'on eût peut-être pu entreprendre de ressusciter en 1791 est aujourd'hui en complète décomposition. C'est un vieux cadavre dont les éléments sont allés reformer d'autres corps.

De là l'embarras de trouver cette seconde Chambre, qui depuis tantôt un siècle a manqué en réalité à toutes les constitutions françaises.

Rappellerai-je ce que j'ai dit des Deuxièmes Chambres à l'étranger? Là où il n'existe pas d'aristocratie véritable, on trouve des assemblées de fonctionnaires dont peuvent se contenter des nations qui, satisfaites d'une dynastie unique avec laquelle elles ont grandi, s'accommodent d'une liberté qu'elles doivent plus à la sagesse de leur gouvernement qu'à celle de leurs institutions. D'autres ont une aristocratie d'argent. Chez d'autres enfin, vouées au système fédéral, la Deuxième Chambre assure l'indépendance des états vis-à-vis les uns des autres.

Rien de tout cela ne convient à la France une et démocratique, qui cherche sa forme définitive de gouvernement.

Rappellerai-je également les nombreux essais

de Deuxièmes Chambres tentés chez nous?

Le Conseil des Anciens, pur dédoublement du pouvoir législatif, en rendant sans doute les délibérations plus réfléchies, mais ne représentant rien que le Conseil des Cinq-Cents ne représentât aussi et en ayant forcément les aspirations et la destinée; une simple complication du mécanisme législatif, bonne tout au plus pour retarder quelques instants un conflit entre le pouvoir exécutif et le pouvoir législatif?

Le Sénat de l'an VIII et du premier Empire, inutile et vague assemblée sans attributions réelles, où s'engraissaient en silence jusqu'à près d'un cent et demi de sénateurs? Ils ne s'avisèrent de parler un jour que pour proclamer, sur les ruines de la France envahie, l'intégrité de leur auge.

La Chambre des Pairs héréditaire de Louis XVIII et de Charles X, copie mal·conçue de la Chambre des Lords, essai, après l'émigration et Quiberon, de restauration de la noblesse française? Malgré la valeur personnelle de quelques-uns de ses membres, elle ne servit qu'à démontrer qu'on ne saurait établir aucun parallèle entre l'aristocratie anglaise et ce qu'on appelait encore en ce temps-là l'aristocratie française.

La Chambre des Pairs des Cent-Jours, une autre Chambre héréditaire dont la Chambre des Représentants et le pays ne paraissaient pas même alors soupçonner l'existence?

La Chambre des Pairs de Louis-Philippe, assemblée émanant comme les deux précédentes du pouvoir exécutif, ne pouvant, à raison de ce vice originel, se faire prendre au sérieux par le pays, illustrée par quelques Pairs, mais ne les ayant jamais illustrés?

Le Sénat du second Empire de 1852 à 1870, bigarrure de fonctionnaires de toutes sortes, ayant moins de pouvoirs encore que le Sénat du premier Empire, ou bien le Sénat de 1870 transformé en pseudo-Chambre des Pairs?...

Je n'en dirai qu'un seul mot.

M. Laboulaye, en 1870, fut traité à son cours de sénateur par un étudiant.

— Sénateur vous-même, riposta vivement le professeur . . . .

Tous les journaux du temps ont raconté cette histoire, qui n'a jamais été l'objet d'aucun démenti, que je sache.

Le Sénat actuel, assemblée évidemment provisoire, dont le principe et la composition présentent des anomalies que j'ai signalées un peu plus haut, créée d'urgence et comme *modus vivendi* pour répondre au besoin d'une seconde Chambre et amortir les conflits entre le pouvoir législatif et le pouvoir exécutif durant la période transitoire que nous traversons?

L'expérience de 1877 a montré que cette combinaison n'était pas inutile.

Il est certain toutefois que le Sénat qui théoriquement émane du suffrage universel, au même titre que la Chambre des Députés, n'est point un véritable troisième pouvoir placé entre les deux autres.

En outre, bien qu'issu de la même source que la Chambre des Députés, il présente aujourd'hui ce singulier spectacle d'un corps animé d'un tout autre esprit. Comment ces deux assemblées peuvent-elles dans de semblables conditions représenter une même chose? Cette discordance entre les conséquences d'un même principe ne peut s'expliquer que par la différence des modes de l'élection. Ce sont là des motifs de discussion qui ne peuvent que nuire à la considération des deux assemblées et qu'une constitution définitive doit éviter avec soin.

On voit enfin des sénateurs se retremper à des époques fixes au suffrage de leurs concitoyens, tandis que d'autres nommés en dehors de ces suffrages sont à jamais dispensés de toute consécration populaire.

Je rappellerai ici ce que dit Montesquieu dans le chapitre III du livre II de son *Esprit des lois* : « Les sénateurs ne doivent pas avoir le droit de remplacer ceux qui manquent dans le Sénat : rien ne serait plus capable de perpétuer les abus. A Rome, qui fut dans les premiers temps une espèce d'aristocratie, le Sénat ne se suppléait pas lui-même : les sénateurs nouveaux étaient nommés par les censeurs. »

Avant l'institution des censeurs, ils l'avaient

été par les consuls. Bien que ceux-ci avec leurs attributions limitées et la surveillance qu'ils exerçaient l'un sur l'autre présentassent peu de dangers pour la liberté, on créa cependant les censeurs pour diminuer la puissance des consuls et partager le pouvoir exécutif.

Les consuls et les censeurs étaient élus *directement* par le peuple romain.

CHAPITRE XX

LA MAGISTRATURE : RÉSUMÉ

Je me résume également en ce qui concerne la magistrature, ou, pour parler plus exactement, le pouvoir judiciaire.

Il se trouvait fortement constitué dans les Parlements sous l'ancienne monarchie. Son indépendance était à peu près absolue, et, quels que fussent les vices d'un système où le droit de rendre la justice s'achetait comme une sorte de boutique, la masse n'y trouvait pas moins des garanties d'impartialité remarquables. L'ambition n'était même pour ainsi dire point permise dans ce corps, où les positions s'acquéraient non par la faveur du gouvernement, mais à deniers comptants, comme les charges des officiers ministériels de nos jours.

Malheureusement l'hostilité des Parlements contre la Révolution, qu'ils avaient eux-mêmes excitée, troubla les législateurs de la Constituante. Ils voulurent avant tout détruire une institution qui avait ostensiblement miné l'ancienne monarchie et qu'ils croyaient menaçante pour la France nouvelle.

Désireux cependant d'assurer l'indépendance d'un pouvoir qu'ils considéraient avec raison comme essentiel aux libertés publiques, ils ne trouvèrent rien de mieux que d'en confier le fonctionnement à l'élection populaire. C'était faire du juge un agent politique. Sans doute ce n'était pas l'agent du pouvoir exécutif, mais c'était l'agent du parti qui dominait au lieu de l'élection : distinction sans importance aux yeux du justiciable qui veut avant tout un juge intègre et indépendant.

La constitution de l'an VIII, pour tout remède à cette situation, confisqua simplement le pouvoir judiciaire au profit du pouvoir exécutif. C'était du même coup annuler le pouvoir législatif.

Qu'importe en effet la loi, si celui qui doit l'appliquer a été choisi pour la violer et ne dépend que de celui qui lui a donné cette mission ? La loi devient bientôt une lettre morte et sans valeur. On lui fait même au besoin dire le contraire de ce qu'elle a voulu exprimer. C'est le talent spécial de certains légistes de découvrir dans la législation, au bout d'un demi-siècle parfois, des choses que personne n'y avait jamais entrevues jusqu'alors, à commencer par les législateurs. Rien n'établit aussi glorieusement une réputation de jurisconsulte et ne donne autant de droits aux faveurs du ministère. C'est avec cela que l'on a des arrêts de cassation qui disent blanc à opposer à des arrêts de cassation qui disent noir.

On ne saurait trop s'en convaincre : l'indépendance du juge est la garantie essentielle de toutes les libertés sans exception. C'est le couronnement de la constitution de tout peuple libre. Aussi tout gouvernement qui veut attenter aux libertés publiques cherche-t-il à annihiler le pouvoir judiciaire.

Pour atténuer l'effet de son usurpation, la constitution de l'an VIII avait proclamé le principe de l'inamovibilité de la magistrature. Nous avons vu quelles restrictions on tenta quelques années plus tard d'apporter à ce principe tutélaire.

Un des moyens les plus efficaces fut l'enrégimentation des magistrats. Soumis à des chefs dont ils dépendaient absolument et qui eurent même une véritable omnipotence dans la discussion des solutions judiciaires, les magistrats cessèrent bientôt de causer des inquiétudes au pouvoir exécutif. Il suffisait à celui-ci de choisir des chefs à sa dévotion. C'est ce qu'il s'empressa de faire. Ceux-ci à leur tour ne s'entourèrent que de magistrats triés dans le sens gouvernemental, et la magistrature devint bientôt une corporation politique. Les cours furent au pouvoir exécutif ce que les couvents sont à l'ultramontanisme. Rien n'était plus commode. Aussi tous les gouvernements, dans leurs rêves d'immortalité, conservèrent-ils soigneusement cette organisation, espérant en profiter à leur tour.

C'est du reste le système suivi dans l'Europe monarchique. Comme les Deuxièmes Chambres nommées par le pouvoir exécutif, il présente toutes facilités pour réprimer les velléités trop sérieuses de liberté. Sur les trois pouvoirs essentiels de toute société, les gouvernements tiennent ainsi le pouvoir exécutif, le pouvoir judiciaire et la moitié du pouvoir législatif.

Je ne parle pas ici des quelques pays démocratiques où les magistrats sont élus par le peuple. C'est une exception. Nous avons vu d'ailleurs que, dans un pays plein de dissensions politiques comme le nôtre, ce système peut avoir des inconvénients très-graves en écrasant les partis qui n'ont point la majorité. Les Etats-Unis ont institué une Cour Suprême avec des magistrats inamovibles, non-seulement pour assurer l'unité de principes dans la législation particulière des Etats, mais aussi pour réagir contre ces tendances des magistratures populaires, toujours portées à flatter les passions de la masse qui les nomme.

J'ai discuté en passant les vieux systèmes redonnés comme neufs aujourd'hui pour la constitution d'une magistrature nouvelle ; j'ai indiqué également quelques réformes que je crois urgentes à tous égards. Mais en somme je pense qu'en principe l'organisation actuelle doit être conservée. Il suffit d'y apporter quelques légères modifications. Comme tous les premiers actes du Consulat, elle porte l'empreinte de l'utilité pratique. Elle correspond encore aujourd'hui à nos besoins sociaux.

Pour en faire une institution réellement démocratique, il n'y aurait qu'à supprimer quelques règlements hiérarchiques et surtout à enlever au pouvoir exécutif la nomination et l'avancement des magistrats. Il faudrait en un mot émanciper le pouvoir judiciaire à un double point de vue : comme pouvoir, vis-à-vis des deux autres pouvoirs, dont un l'a absorbé depuis le commencement du siècle ; comme indépendance de ses membres, en donnant à ceux-ci, dans la corporation, non point des droits absolus qui conduiraient à l'anarchie, mais une liberté plus efficacement assurée qu'elle ne l'est avec l'organisation ou plutôt la réglementation actuelle.

Il y aurait à vrai dire bien d'autres réformes encore à opérer, telles que la refonte des lois de procédure, la suppression de certains tribunaux, de certaines chambres et de certaines cours aujourd'hui inutiles ; mais ce n'est point là la question que j'examine et qui a trait uniquement au personnel.

Je dirai toutefois avant de terminer un mot de l'appel, qui a été attaqué par quelques théoriciens. La règle appliquée encore aujourd'hui qui en investit des tribunaux supérieurs est excellente. C'est le droit de révision confié à l'expérience et à la longue pratique des affaires.

Quant au principe même de l'appel, c'est la plus tutélaire de toutes les institutions. La possibilité d'un nouvel examen et d'une discussion publique de la décision rendue est le meilleur frein de toutes les tentations d'arbitraire et d'injustice. C'est un contrôle perpétuellement suspendu sur la tête de la magistrature du premier degré, la seule à peu près pour laquelle il pourrait y avoir à redouter l'entraînement des passions locales. Les juges, quels qu'ils soient, seront toujours des hommes, partant faillibles. L'appel est à tous les points de vue un remède contre la faillibilité des juges.

Je veux également toucher en passant la question de l'avancement. N'est-il pas ridicule qu'il dépende aujourd'hui de l'emménagement ou du déménagement de quelques bourgeois dans la ville où siège le tribunal, ce qui le plus souvent n'a même aucun rapport avec le chiffre de la population du ressort? Le traitement ne devrait-il pas être à peu près uniforme *selon le grade* pour toute la France? Convient-il que des populations soient jugées par des magistrats de première ou de dernière qualité selon qu'elles sont en tel ou tel lieu? Les classes ne devraient-elles pas être attachées à la personne et non à la résidence?

Poser de semblables questions, c'est en indiquer d'avance la seule solution raisonnable. L'organisation de l'avancement actuel ne supporte pas l'examen.

CHAPITRE XXI

Le lecteur a sans doute vu depuis longtemps où je tendais.

La magistrature et le Sénat sont deux institutions intimement liées dans une démocratie. Elles se complètent l'une par l'autre.

Le Sénat, tout le monde est d'accord sur ce point, doit représenter un troisième pouvoir indépendant des deux autres entre lesquels il est chargé de maintenir la paix. Dans un pays aristocratique, ce pouvoir pondérateur est tout trouvé dans l'aristocratie même. Dans une démocratie, il n'y a pas non plus à chercher bien loin pour le trouver.

Je ne veux pas ici faire un commentaire de

l'*Esprit des lois* et démontrer que le pouvoir judiciaire est un des trois pouvoirs essentiels de toute société ; que dans tout gouvernement libre il est nécessairement indépendant des deux autres ; qu'il doit être par sa nature même la garantie de la liberté de chacun, puisque son rôle est de faire l'application de la loi à tous les cas particuliers ; que, lorsqu'il manque, toutes les autres garanties manquent fatalement. C'est là de l'A B C en politique.

L'article 16 de la Déclaration des droits de l'homme et du citoyen, placée en tête de la constitution de 1791, portait que toute société dans laquelle la séparation des pouvoirs n'est point déterminée n'a pas de constitution. Une semblable déclaration promulguée comme préambule de la constitution de 1793 exprimait la même idée dans ses articles 23 et 24. Une nouvelle déclaration qui précédait la constitution de l'an III avait un article 22 qui débutait ainsi : « La garantie sociale ne peut exister si la séparation des pouvoirs n'est pas établie. » Enfin l'article 19 de la constitution de 1848 portait : « La séparation des pouvoirs

est la première condition d'un gouvernement
libre. »

Cela se proclame encore tous les jours, et
lorsque l'Assemblée de Bordeaux, en 1871,
cassait les décrets de M. Crémieux, relatifs
aux magistrats qui avaient fait partie des commissions mixtes de 1852, c'était au nom du
principe de la *séparation des pouvoirs*
qu'elle trouvait violé.

C'était en vertu du même principe que, en-
traîné par la logique, Napoléon, dans sa fa-
meuse lettre de 1808 que j'ai citée plus haut,
plaçait les tribunaux immédiatement après
ce qu'il appelait le *Conseil législatif*.

C'était pour cela que les premières constitutions républicaines de la France faisaient
élire les magistrats par le peuple, comme
l'avaient fait les Romains, qui élisaient le préteur et les autres magistrats chargés de faire
rendre la justice.

Mais cet exemple des Romains perd toutefois singulièrement de sa force si l'on considère qu'ils ne nommaient guère à tous les
emplois de la République que par voie d'élec-

tion. C'était une sorte de mode uniforme de leur gouvernement comme de celui d'Athènes.

Quoi qu'il en soit, la nécessité d'assurer l'indépendance du pouvoir judiciaire ne fait doute pour personne; et cependant ce pouvoir en servage est depuis l'an VIII passé à l'état d'accessoire du pouvoir exécutif.

Emancipons donc réellement le pouvoir judiciaire, et faisons-en le Sénat.

Ceci ne veut pas dire que je veuille faire élire le Sénat par la magistrature; ce serait créer une oligarchie dans l'Etat. Je veux tout au contraire faire nommer la magistrature — je parle bien entendu de l'inamovible, de celle qui juge — par le Sénat. De même qu'à Rome le censeur nommait les sénateurs, le préteur désignait les juges civils et le questeur *ad hoc* les juges criminels, de même le Président du Sénat, ou le Chancelier, ou le Garde des Sceaux, bref le personnage que le Sénat en chargerait sous une dénomination quelconque, qui serait nécessairement un de ses membres, mais qui ne serait jamais un ministre du pouvoir exécutif, aurait en ce qui concerne la nomination et l'avancement des juges de toutes sortes les attributions qui appartiennent aujourd'hui au ministre de la justice. Elles seraient même plus complètes, car il nommerait directement sans contre-seing du chef du pouvoir exécutif. Le *Journal officiel* et le *Bulletin des lois* devraient à toute réquisition enregistrer ses ordonnances de nomination en matière judiciaire.

La magistrature assise — les juges — ne dépendrait plus en aucune façon dès lors du pouvoir exécutif.

Le Sénat de son côté aurait le rôle en politique d'une assemblée toute judiciaire. Il homologuerait certains actes et pourrait être appelé à juger certains autres ; mais il n'aurait bien entendu aucune initiative. Celle-ci n'appartient pas en principe au pouvoir judiciaire.

Ce sont des idées que je développerai tout à l'heure d'une façon plus détaillée. Je vais pour le moment me borner à indiquer comment je comprends la composition du Sénat.

Je dois dire tout d'abord que, de même que

je considère le respect du principe de l'inamovibilité de la magistrature comme une des
bases essentielles de l'indépendance du pouvoir judiciaire, de même je considère le respect des droits particuliers acquis dans le
Sénat actuel comme une condition *sine qua
non* de toute modification de l'institution
actuelle.

Les révolutions brusques ou violentes
n'amènent jamais que des réactions où som-
brent tous les principes sous le coup des
passions surexcitées. Procédons lentement, à
l'exemple de la nature, si, comme elle, nous
voulons faire quelque chose de durable.
Quand elle crée, ou plutôt quand elle perfec-
tionne, elle n'agit jamais que par des grada-
tions presque insensibles. Elle modifie sans
détruire. Faisons comme elle, non des révolutions, mais des évolutions. C'est la condition normale de la durée de tout changement.

Je dis donc que non-seulement tous les
membres inamovibles du Sénat devraient être
conservés, mais que tous les membres tem-

poraires devraient l'être de même pour la durée de leur mandat légal actuel. La seule dérogation que j'admettrais peut-être à ce principe serait celle de la mise à la retraite, dont je vais parler tout à l'heure.

Maintenant comment nommerait-on les sénateurs dans l'avenir ?

Représentant le pouvoir judiciaire, qui dans une démocratie émane de la nation — la justice se rend au nom du peuple — et dont le rôle consiste à appliquer aux faits privés ou particuliers le résultat de la puissance législative générale, la nomination du Sénat me semble devoir appartenir au pouvoir législatif, c'est-à-dire à la Chambre des Députés, qui est la représentation directe de la nation. C'est à ce titre que je la choisis. N'est-ce pas elle aussi qui élit le pouvoir exécutif ?

Le Sénat représenterait ainsi l'esprit des législatures passées ; il serait la tradition, le frein aux réactions et aux entraînements de toutes sortes du présent. Il aurait été choisi uniformément par le suffrage universel au deuxième degré.

Les seules conditions d'admission pour être sénateur seraient, comme dans l'état actuel, l'exercice des droits de citoyen français et l'âge de quarante ans.

Peut-être cependant cet âge pourrait-il être un peu plus élevé. Le Sénat, corps judiciaire, doit autant que possible être un corps sans passion. Si l'âge n'est pas toujours une garantie contre tous les entraînements, il permet du moins par un plus long contrôle du passé de mieux préjuger de l'avenir du candidat.

Ici, j'admettrais tous les fonctionnaires sans aucune exception. Quelle influence pourraient-ils exercer sur la Chambre des Députés, qui les choisirait? Ils apporteraient même au Sénat le concours de leurs capacités spéciales, qui ne sauraient trouver place dans l'autre assemblée, où se prennent les ministres. Mais il est bien entendu qu'ils devraient immédiatement résigner leur emploi en acceptant le titre de sénateur. Celui-ci est aussi incompatible que celui de député avec toute fonction, quelle qu'elle soit, rétribuée ou gratuite, émanant du suffrage populaire ou provenant du pouvoir exécutif.

S'ils exerçaient au moment de leur nomination un emploi pouvant leur donner droit un jour à une pension de retraite, les sénateurs pourraient faire liquider cette retraite selon les règles ordinaires, mais quel que fût le temps de leurs services. J'admettrais même qu'ils pussent cumuler cette retraite proportionnelle ou complète avec leur indemnité de sénateur. C'est la compensation des retenues par eux subies sur leur traitement antérieurement.

Mais les sénateurs seraient tenus d'avoir leur domicile au lieu où siége le Sénat et d'y résider, sauf le cas de congé, pendant les sessions. Ils seraient incapables d'être ministres ; c'est la conséquence non-seulement de leurs fonctions judiciaires générales, mais de la mission spéciale qu'ils ont de juger les ministres accusés par la Chambre des Députés. Ils seraient également incapables d'exercer de nouvelles fonctions rétribuées ou gratuites, même en donnant leur démission de sénateur, à moins d'y être autorisés par une loi spéciale. Dans ce cas, ils pourraient être autorisés aussi à conserver leur titre de sénateur, mais à la condition que leurs fonctions ne seraient que temporaires et pour le temps seulement que voteraient la Chambre des Députés et le Sénat. Je voudrais encore qu'il fût sévèrement interdit aux sénateurs de faire partie des conseils d'administration des sociétés industrielles. Une position politique ne devrait jamais être un moyen de réclame commerciale ou même parfois de spéculation.

La conséquence forcée de la nomination des sénateurs par la Chambre des Députés est l'inamovibilité des sénateurs. En effet, une fois nommés, ils doivent être absolument indépendants de tout autre pouvoir. Cela n'a jamais été mis en doute quand le pouvoir exécutif nommait la Deuxième Chambre. La Chambre des Députés n'est choisie pour cette élection que comme représentant le plus directement possible la nation.

Cependant, afin que l'esprit de l'institution ne s'encroûte pas , comme il arrive parfois aux assemblées composées de membres trop anciens, on pourrait atténuer l'effet d'un trop long mandat en édictant que tout sénateur cesserait ses fonctions d'office à l'âge de soixante-quinze ans. C'est l'extrême limite d'âge fixée pour la mise à la retraite des conseillers à la Cour de Cassation, et il est bien rare que l'intelligence humaine survive tout entière au delà. Il y a, j'en conviens, d'admirables exceptions, mais ce sont des exceptions, et même de rares exceptions.

Il serait convenable que des pensions de retraite spéciales fussent en ce cas attribuées aux vieillards jadis investis de la dignité de sénateur. Ce serait même un moyen indirect d'en donner à des députés qui auraient consacré la plus grande partie de leur vie au service du pays; car les députés pouvant être élus sénateurs, comme tous les autres citoyens, la Chambre des Députés aurait la faculté d'envoyer au Sénat ceux de ses propres membres qui lui en sembleraient dignes. Le titre de représentant du peuple, c'est-à-dire d'élu du suffrage universel, ne saurait être un motif d'exclusion ; loin de là.

On pourrait même, pour éviter toute réclamation comme tout abus, édicter à cet égard que le nombre des sénateurs anciens députés serait nécessairement de un tiers au moins sans pouvoir dépasser les deux cinquièmes du Sénat. Pour arriver sûrement à ce résultat, il faudrait, bien entendu, procéder au début selon une proportion rigoureusement déterminée.

Quel serait le nombre des membres du Sénat ? Il ne me semble pas devoir être bien élevé. Cependant le nombre est une garantie de l'indépendance des assemblées.

Il faut toujours considérer la nature humaine comme imparfaite, et songer aux tentations qui, sinon pour lui, du moins pour sa famille et pour ses alliés, peuvent assaillir l'homme politiqne. On séduit plus facilement quelques individus qu'un grand nombre. Il faut donc accorder au Sénat un certain chiffre de membres, et ce chiffre me paraît devoir être la moitié de celui des membres de la Chambre des Députés. C'est une proportion logique.

Il est à remarquer que ce serait une réduction sur le chiffre actuel, qui est de trois
cents. Mais, pour concilier le respect des droits
acquis avec la petite réduction que je propose, rien n'est plus aisé que de décréter
que, jusqu'à l'expiration des pouvoirs de ses
derniers membres temporaires, le Sénat con-
tinuerait à avoir trois cents membres, et
qu'à partir de cette époque seulement les
nouvelles nominations ne se feraient plus
que dans la proportion d'une par deux extinc-
tions, jusqu'à ce que l'on fût descendu au
chiffre normal.

CHAPITRE XXII

Examinons maintenant au point de vue de son fonctionnement et de ses attributions les conséquences du caractère judiciaire que j'ai attribué au Sénat.

La première, je l'ai dit, est que le Sénat ne saurait avoir aucune initiative. Il ne saurait donc proposer aucune loi ni se livrer aux manifestations d'une assemblée purement politique, c'est-à-dire demander compte au gouvernement de ses actes ou de ses desseins, lui adresser des interpellations, voter des adresses ou des ordres du jour sur la conduite du ministère entier ou de tel ministre en particulier.

Le Sénat ne représente point la nation,

mais la loi. C'est un tribunal qui attend que les affaires soient portées devant lui par les parties contestantes. Il ne saurait à l'avance laisser percer son opinion sans déroger à son caractère judiciaire. Sans quoi il encourrait alors le même reproche que ces magistrats à qui l'opinion publique fait grief d'avoir recherché des fonctions électives qui les ont forcément liés à un parti quelconque.

Mais le Sénat n'est pourtant point simplement chargé de veiller au respect de la constitution, comme les Sénats impériaux. Son rôle est plus relevé et plus actif.

Chaque fois qu'une modification à la législation se présente, il l'examine après la Chambre des Députés, il la juge; et pour cela, comme tous les tribunaux, il discute et délibère avant de juger. A ce titre, il a une part réelle et directe à la puissance législative.

S'il n'approuve pas la loi dans son ensemble, il le déclare et la rejette par un vote motivé. Cette loi ne peut plus être reprise à nouveau par la Chambre des Députés qu'au bout de six mois au moins.

S'il ne l'approuve pas dans tous ses détails, il signale à la Chambre des Députés les parties qui lui semblent défectueuses et invite, toujours par un vote motivé, cette assemblée à revoir son travail. La Chambre des Députés examine et remanie alors la loi, qui, après les retouches faites, est de nouveau portée devant le Sénat. Celui-ci peut une seconde fois appeler l'attention de la Première Chambre sur les points de la nouvelle loi qui lui semblent encore devoir être réformés.

Si la loi est approuvée par le Sénat en son ensemble et dans tous ses détails, il ne reste plus qu'à la promulguer dans les délais légaux. Cependant le pouvoir exécutif peut aussi de son côté appeler l'attention des deux Chambres sur la loi ainsi approuvée.

En ce cas, les deux Chambres se réunissent dans la huitaine en Assemblée Nationale pour examiner s'il convient de maintenir la loi telle qu'elle a été votée, de la rapporter ou de la modifier. S'il est décidé que la loi doit être modifiée, l'Assemblée procède immédiatement à la discussion et au vote des modifications décidées. Cependant une commission composée des membres des deux assemblées peut être chargée de l'élaboration du nouveau texte de la loi.

Il est bien entendu que les ministres et les commissaires du gouvernement peuvent assister aux séances de l'Assemblée Nationale, comme à celles de la Chambre des Députés et à celles du Sénat, et y prendre également la parole chaque fois que cela leur semble nécessaire.

Après la décision de l'Assemblée Nationale, le pouvoir exécutif doit nécessairement promulguer la loi amendée ou non. Dans le cas où la loi serait rapportée en son entier, elle ne saurait d'une année entière faire l'objet d'une proposition à la Chambre des Députés.

Le Sénat n'est pas seulement un juge politique ; il est aussi un juge financier. Cependant il ne saurait établir le budget au point de vue des recettes. Le droit de s'imposer n'appartient qu'aux contribuables directement représentés par leurs députés. La mise en recouvrement

des impôts déjà établis par les lois existantes
me semble devoir être absolument réservée à
la Chambre des Députés. Elle seule a qualité
pour l'ordonner.

Mais l'établissement de nouvelles taxes,
l'abaissement ou l'élévation de celles en
vigueur, la suppression des anciennes, sont
des matières d'appréciation législative, et à ce
titre le Sénat doit les examiner, comme il doit
examiner toutes les lois votées par l'autre
assemblée.

La concordance entre le budget des recettes
et celui des dépenses me paraît encore devoir
être l'objet de son contrôle. Il doit vérifier
l'exactitude ou tout au moins la probabilité
des évaluations de recettes, pour éviter un
déficit qui pourrait nuire au crédit public. Au
besoin, il pourra chercher à diminuer des
dépenses non obligatoires jugées hors de proportion avec les ressources justifiées du pays.

En ce qui touche les dépenses, le Sénat doit
juger si tous les services établis par la loi sont
assurés. Il ne saurait accorder des crédits pour
établir des travaux publics, augmenter l'effec-

tif de l'armée, etc. Aucune dépense facultative ne saurait être ordonnée par d'autres que les gouvernés ou leurs représentants directs. Ici, le rôle du Sénat se borne à vérifier seulement si ces dépenses votées par la Première Chambre ne le sont pas au détriment d'autres nécessaires et si elles ne constituent point le budget en déficit. A ce titre, le pouvoir contrôlant pourrait demander des réductions basées sur les motifs que j'indique.

Mais il est d'autres dépenses à l'inscription desquelles il doit en revanche strictement veiller. Tels sont l'acquittement intégral des dettes de l'Etat, le service des rentes, celui de l'amortissement, celui des retraites, enfin la rémunération des agents dont les emplois et les traitements sont réglés par la loi, comme ceux de la magistrature par exemple, ou encore l'entretien de l'armée. Mais, lorsqu'il s'agit d'agents dont les emplois sont en quelque sorte facultatifs pour le ministre au département duquel ils se rattachent, il est bien difficile d'admettre le Sénat à traiter ces questions. A quel titre voterait-il une charge facultative que la nation aurait refusé de s'imposer ?

Il y a là une nuance fort délicate, et une loi précise serait nécessaire pour déterminer les cas auxquels le Sénat pourrait retoucher le travail budgetaire de la Chambre des Députés.

Ainsi, en l'état actuel, la question du budget peut donner lieu à toutes sortes de conflits entre les deux Chambres. Que par exemple la Chambre des Députés refuse de voter le budget des cultes, le Sénat aussitôt interviendra. Il dira avec raison que c'est là en réalité sous forme d'un article du budget une véritable loi supprimant le ministère des cultes et certaines lois relatives aux cultes ; que la nouvelle loi ne peut être valable qu'avec l'approbation du Sénat ; que la Chambre des Députés ne saurait faire une loi à elle seule ; qu'il faut une loi spéciale et formelle rapportant et annulant les anciennes lois sur la matière pour que cette portion du budget puisse être supprimée.

Cependant supposons que la Chambre des Députés persévérât dans son refus de vote. Que pourrait faire le Sénat ? Peut-il à lui seul voter le budget en tout ou en partie? La Chambre des Députés n'ayant statué que par omission, le Sénat peut-il rejeter une loi négative? On roule d'impossibilités en impossibilités. C'est ce qu'une bonne constitution doit soigneusement éviter.

Aujourd'hui, le seul remède possible serait que le pouvoir exécutif intervînt pour proposer un appel à la nation, c'est-à-dire la dissolution de la Première Chambre, mesure bien grave à propos d'incidents qui peuvent surgir chaque année !

Il est bien entendu toutefois que, si la nouvelle Chambre des Députés revenait avec les mêmes idées que l'ancienne, il n'y aurait plus qu'à s'incliner. La nation aurait parlé.

Je ne crois pas qu'il faille donner au Sénat le droit de nommer avec la Chambre des Députés le Président de la République. Ceci rentre plus particulièrement dans les attributions des représentants directs du peuple. Toutefois je voudrais que la Chambre des Députés ne pût procéder seule à cette élection qu'à une majorité imposante et indéniable, les trois cinquièmes du nombre total de ses membres comme minimum.

Si, après trois épreuves infructueuses renouvelées à un jour. de distance, la Chambre des Députés ne s'était point accordée sur le choix du chef de l'État, alors seulement interviendrait le Sénat, qui se réunirait en Assemblée Nationale avec la Chambre des Députés. Dans cette réunion, la simple majorité des votes exprimés suffirait pour l'élection, si ces votes portaient sur le candidat qui aurait déjà obtenu la majorité ordinaire (moitié plus un) des suffrages au précédent vote de la Chambre des Députés. Sinon il serait procédé à un deuxième tour de scrutin entre les deux candidats seulement qui auraient recueilli le plus de voix à ce scrutin de l'Assemblée Nationale.

Le Sénat se réunirait encore en Assemblée Nationale avec l'autre Chambre pour modifier la constitution. Il faudrait en ce cas que la demande de modification de la constitution eût préalablement réuni les deux tiers des voix exprimées dans chacune des deux assemblées.

Dans les réunions des deux Chambres

dites Assemblées Nationales, la présidence me semble devoir appartenir logiquement au président de la Chambre des Députés. Pour rappeler l'expression de l'Impératrice en 1808, il est le président « du corps qui représente la nation ». L'attribution de la présidence au président du Sénat est un reste soit des idées anglaises qui prévalaient au temps des aristo-cratiques Chambres des Pairs, soit de celles qui, sous la constitution de l'an VIII, avaient fait du Corps Législatif un simple conseil que com-posait à sa guise le Sénat, placé au sommet de l'échelle constitutionnelle. Cette idée est anti-démocratique et en désaccord absolu avec toutes celles que j'ai relevées, sur la nature et la composition du Sénat ramené à son rôle normal dans une démocratie.

Comme corps judiciaire chargé de juger les conflits politiques, le Sénat a encore nécessai-rement des attributions de la plus haute importance, et il est à remarquer que le régime actuel les lui donne précisément. C'est que petit à petit on en est arrivé par la force de l'expérience à comprendre à quelles nécessités doit répondre l'organisation d'une seconde Chambre. Les idées que j'exprime dans cette étude existent en réalité dans presque tous les cerveaux. Je ne fais que les formuler sous une forme synthétique.

Le Sénat pourrait donc autoriser le Président de la République à dissoudre la Chambre des Députés, mais à la condition de faire procéder à de nouvelles élections dans les *deux* mois au plus tard qui suivraient cette dissolution. Je voudrais en outre que le droit de prorogation pendant un mois au plus du pouvoir législatif ne pût s'exercer sans l'approbation formelle du Sénat. C'est la conséquence encore du rôle que joue celui-ci dans la constitution.

Le Sénat pourrait aussi, sur l'accusation portée contre eux par la Chambre des Députés, juger le Président de la République et ses ministres. Mais dans ce cas il prononcerait seulement contre eux la déchéance et la privation de l'exercice des droits politiques.

Il serait convenable qu'une loi spéciale édictât la procédure à suivre et réglât le sort des accusés en attendant leur jugement. Il y aurait même lieu de le régler encore, ainsi que la procédure à suivre, pour le cas où le Sénat, après avoir statué politiquement en ce qui le concerne, estimerait nécessaire de faire instruire ou juger sur d'autres chefs de droit commun.

J'ai déjà exprimé ce que je pensais des assemblées considérées comme juges politiques. C'est pourquoi je ne crois pas qu'il soit convenable de donner de réelles attributions criminelles au Sénat. Il ne faut point non plus l'exposer, comme jadis les Chambres des Pairs, à régler lui-même, au point de vue d'une affaire spéciale, la procédure qui sera suivie devant lui. L'arbitraire, dût-il aboutir aux plus équitables résultats, est la pire des choses en politique. Il déconsidère toujours son auteur, quel qu'il soit. Or, quoi qu'en pensent les brutaux à courte vue, en toute matière ce n'est pas le plus fort qui est le plus respecté, mais c'est le plus respecté qui est toujours en fin de compte le plus fort.

CHAPITRE XXIII

J'arrive maintenant à ce qui concerne plus particulièrement la magistrature.

Le Sénat élit chaque année son président. Le président du Sénat prend le titre de Chancelier ou de Garde des Sceaux et nomme directement à tous les emplois de la magistrature assise.

Il nomme également à ceux de la Cour des Comptes.

Les magistrats ne peuvent être décorés que par lui.

Un certain nombre de décorations dans l'ordre de la Légion d'Honneur est chaque année mis à sa disposition et par lui distribué à la magistrature assise et à la Cour des Comptes.

Tout ce qui concerne ces deux magistratures relève uniquement du président du Sénat.

On le voit, le pouvoir exécutif n'aurait plus aucune influence sur le pouvoir judiciaire.

Ceci, je ne me le dissimule pas, est une véritable révolution ; mais d'abord elle est juste, comme je crois l'avoir démontré; puis c'est, à mon avis, le moyen d'en éviter une plus grave en ses conséquences. Aime-t-on mieux voir reprendre et appliquer tout le bric-à-brac de 1789, toutes les idées que l'Assemblée Nationale a rejetées comme impossibles à cette époque? Ce serait la désorganisation absolue de ce pouvoir judiciaire si nécessaire dans une démocratie, une cause de ruine pour cette dernière même.

Et cependant, il ne faut pas se le dissimuler, l'organisation actuelle ne saurait subsister plus longtemps sans modifications profondes. Une réforme est nécessaire. J'en propose une. C'est aux hommes politiques à l'examiner.

Il y aurait ainsi désormais deux ministères de la justice, si toutefois le nom de ministère peut être conservé à une administration indépendante du pouvoir exécutif : celui de la magistrature assise, qui n'aurait d'autres attributions que l'avancement et la nomination des magistrats statuant tant en matière judiciaire qu'en matière financière, et l'ancien ministère, qui conserverait toutes ses autres attributions.

Je ne crois pas avoir à développer ici par quelles raisons je fais suivre à la Cour des Comptes le sort de la magistrature judiciaire. Il suffira de dire qu'une institution de contrôle ne saurait voir ses membres nommés par le pouvoir qu'elle est en réalité chargée de contrôler en la personne de ses agents.

Je ne dissimule pas du reste le moins du monde que je voudrais voir toutes les juridictions ramenées autant que possible à l'unité, c'est-à-dire à la magistrature de droit commun. Ainsi, en temps de paix, je déférerais à la Cour de Cassation les jugements des tri-

bunaux militaires en matière pénale ordinaire,
sur lesquels statuent aujourd'hui les conseils
de révision. Mais il est une autre justice que
je voudrais surtout voir disparaître. Les tribunaux administratifs, où le pouvoir exécutif
est à la fois juge et partie, n'ont aucune raison d'exister. Ils ne sont qu'une manifestation
de la peur que le souvenir des Parlements
d'abord, puis l'indépendance du pouvoir judiciaire plus tard, causaient autrefois au pouvoir exécutif.

Pourquoi celui-ci ne serait-il pas jugé
comme tout le monde? Pourquoi lui faut-il
des juges spéciaux absolument à sa merci?
Il a beau se couvrir de grands mots et invoquer l'intérêt de l'Etat. Est-ce que l'Etat ne
serait pas juste? Aurait-il donc à redouter le
contrôle de la justice? Poussons au fond des
choses : il n'y a en cause, en réalité, que les
agents du pouvoir exécutif d'un côté et les
citoyens de l'autre.

Cette monstruosité légale ne serait pas plus
difficile à abolir que le fameux article 75 de
la constitution de l'an VIII, qui portait que

les agents du gouvernement ne pouvaient être poursuivis pour des faits relatifs à leurs fonctions qu'en vertu d'une décision du Conseil d'Etat. C'était l'impunité assurée au besoin à tous les agents du pouvoir exécutif. Le despotisme n'avait plus rien à ménager ni à redouter. Il existait de véritables malfaiteurs officiels contre lesquels la justice nationale ne pouvait rien.

Cette disposition était tellement choquante, que l'article 50 de l'Acte additionnel de 1815 en promettait expressément la révision. Mais les gouvernements qui suivirent l'Empire trouvèrent commode de ramasser cette arme terrible et la conservèrent, comme ils conservaient la confiscation du pouvoir judiciaire. Les deux choses tendaient au même but : l'arbitraire.

C'est ainsi que sous la Restauration on molesta, dépouilla, emprisonna, fusilla et guillotina les anciens serviteurs de l'Empire au moyen de l'article 75 des constitutions de l'Empire, — terrible leçon qui ne profita à personne ! Il suffisait que cela eût l'approba-

tion du gouvernement pour que toute responsabilité cessât.

Chaque fois qu'il fut question de toucher
à cet article, qui en droit strict avait légalement disparu avec la constitution qui l'avait
apporté, on vit le pouvoir exécutif du moment en réclamer la conservation comme
une soi-disant garantie de son existence. Ce
n'était que la garantie des abus les plus
odieux. Il fallut que le gouvernement de
la Défense Nationale en proclamât l'aboli-
tion expresse, après le 4 septembre 1870,
pour qu'un fonctionnaire redevînt responsable
comme tout autre citoyen. Cela n'eut cependant aucune suite fâcheuse pour le salut de
l'Etat, que je sache.

Je n'ignore pas que l'on a cherché à revenir là-dessus par une voie détournée et que
l'on a décidé notamment que l'illégalité re-
prochée à un acte administratif ne constituait pas un fait personnel du fonctionnaire
dans les attributions duquel cet acte rentrait,
mais un excès de pouvoir qui ne pouvait être
déféré qu'aux tribunaux administratifs. Bien

que le tribunal ici soit le Conseil d'Etat, qui
offre des garanties exceptionnelles, je ne sau-
rais en ce qui me concerne admettre l'*équité*
de cette solution. Elle a la loi pour elle, je
le reconnais, mais la loi faite par peur du
pouvoir judiciaire au moment où l'Assemblée Constituante luttait le plus violemment
contre les Parlements. C'est de cette époque
que datent les tribunaux administratifs.

La loi qui en pose le principe est la même
qui abolit la vénalité des offices et édicte que
les juges seront élus par les justiciables. C'était
le fantôme des Parlements sous les yeux que
l'Assemblée disait : « Les fonctions judiciaires
seront toujours séparées des fonctions administratives. Les juges ne pourront à peine de
forfaiture troubler de quelque manière que
ce soit les opérations des corps administratifs,
ni citer devant eux les administrateurs pour
raison de leurs fonctions. » Jusque-là, les
Parlements s'étaient arrogé le droit de citer
devant eux les administrateurs et de juger
les actes administratifs. L'Assemblée voulait
mettre fin à un abus qui pouvait entraver

la marche du nouveau gouvernement ; mais il est permis de croire que, si elle eût entrevu les conséquences juridiques que l'on a tirées de ce qui précède, elle eût préféré encore les anciens abus aux nouveaux. Toujours la peur de l'abus présent a égaré le législateur et a amené de plus graves abus. Toujours on s'est lancé aveuglément dans les lois de circonstance. Que de révolutions n'a-t-on pas ainsi préparées ! Il n'y a de solide que le terrain du droit strict.

En réalité, les tribunaux administratifs, qui permettent à l'administration de se juger elle-même, sont l'institution la plus exorbitante que l'on puisse concevoir. Ils ne constituent qu'un moyen hypocrite d'échapper à la justice vraie. Ils n'ont aucune raison d'être aujourd'hui, qu'il n'y a plus rien à redouter des Parlements, et l'on se demande vainement ce que l'Etat peut avoir à redouter pour ses droits réels et prouvés, à être jugé comme tout le monde. A un peuple libre, il ne peut convenir qu'une seule justice, celle qui s'applique à tous sans exception. Où est l'égalité devant la loi, si je ne puis conduire mon adversaire devant le tribunal où il a cependant, lui, le droit de me conduire. Si je le lèse, il me défère aux tribunaux ordinaires, et moi je ne puis le déférer qu'à un tribunal qu'il a composé lui-même. Existe-t-il donc de nouvelles castes et de nouveaux ordres privilégiés, et le fonctionnarisme a-t-il donc remplacé la noblesse d'avant 89 ?

Plus de tribunaux de fonctionnaires pour les fonctionnaires ! C'est la conséquence logique de l'émancipation du pouvoir judiciaire.

On trouve exorbitant qu'un corps judiciaire statue sur l'injure qui lui est adressée et même sur celle adressée à un membre de la corporation. Il est au moins aussi exorbitant que l'Administration statue sur les actes de son administration.

On comprend toute la force morale qu'auront le Sénat et la magistrature démocratiquement constitués lorsqu'ils représenteront le pouvoir judiciaire entier et enfin indépendant. Ils seront alors certainement une des plus fortes garanties de la liberté de tous.

Je n'insiste point sur cette idée qui ressort de tout ce que j'ai dit précédemment, et je me borne à répondre à trois questions que l'on m'adressera sans doute :

1° Les juges de paix seront-ils assimilés aux autres magistrats du siège ?

En ce qui touche l'inamovibilité, évidemment non. Tant que le premier venu âgé de trente ans pourra devenir juge de paix, on ne saurait donner des fonctions inamovibles à un individu pris ainsi en quelque sorte au hasard. On s'exposerait certainement à de cruels mécomptes si l'on ne pouvait revenir sur un choix malheureux. Le mal serait d'autant plus grand qu'il s'agit d'un juge unique. Cependant, pourait-on objecter, le juge de paix ne juge pas à vrai dire. Il concilie surtout. Malgré l'extension qui a été apportée en 1838 à ses attributions, c'est là encore son vrai rôle. Mais ce rôle n'en est pas moins important et ne détruit en rien les arguments que je viens de donner.

Enfin, si l'on entre dans un autre ordre d'idées et si l'on veut considérer la justice de paix comme une véritable juridiction, au delà de cent francs en matière civile et de cinq francs d'amende en matière criminelle, ses jugements sont susceptibles d'appel. Le juge de paix ne juge donc, dans tous les cas de quelque importance, que d'une façon en quelque sorte provisoire. Ce n'est point à proprement parler une juridiction dont il importe d'assurer l'indépendance par la garantie exceptionnelle de l'inamovibilité.

Mais, en ce qui touche le mode de nomination et l'avancement, je ne vois aucune raison pour que le pouvoir exécutif conserve la nomination d'un des agents les plus modestes, mais les plus utiles, du pouvoir judiciaire. L'autorité morale et l'influence conciliatrice du magistrat n'ont qu'à gagner à sa nomination par le pouvoir dont il est l'expression. Si peu qu'il juge, il concourt à l'œuvre de la justice et appartient à son administration. Sans doute si, comme le ministère public, il devait en même temps être nécessairement le représentant du pouvoir exécutif, ce serait empiéter sur l'indépendance de ce dernier que de prétendre lui imposer un agent qu'il n'aurait

16.

point choisi. Mais je ne vois aucune de ces raisons dans le rôle que la loi attribue au juge de paix, et je le revendique comme une pure émanation du pouvoir judiciaire.

2° N'est-il pas à craindre, lorsque le président du Sénat n'entendra que la voix du premier président, que celui-ci ne prenne une influence encore plus prépondérante sur la nomination et l'avancement des magistrats de son ressort?

Il est à remarquer tout d'abord que le premier président ne sera plus un personnage politique. Quel intérêt aurait-il à chercher la faveur d'un ministère qui ne pourrait plus rien pour lui ?

J'espère en outre que de nouveaux règlements interviendront qui permettront d'avoir des doubles des rapports particuliers des présidents de première instance sur le personnel ; que de semblables rapports seront adressés par les présidents de chambre, les vice-présidents, encore enfin, comme cela existe déjà à certain point de vue, par les présidents d'Assises et de plus par les futurs directeurs du jury d'accusation. A côté des notes et des renseignements du chef de la cour s'en trouveront ainsi d'autres auxquels tel égard que de raison sera dû.

Enfin il ne sera en rien touché aux attributions des parquets, et les rapports qu'ils enverront à leur ministère pourront être communiqués ou même adressés en double au président du Sénat.

Tout cela n'est du reste que des détails d'organisation sur lesquels il serait puéril de s'étendre davantage.

3° Les membres du parquet pourront-ils toujours entrer dans le siège ?

Assurément, et ce seront toujours d'excellentes recrues. Seulement, au lieu d'être trop souvent le récipient où l'on jette les rebuts et les épluchures, le siège sera pour le parquet ce qu'il doit toujours être : la récompense et l'avancement. On n'y arrivera pas non plus par le zèle politique, mais par la modération, le savoir et le talent.

Sous le bénéfice de cette réserve, on devra s'efforcer de l'ouvrir aux membres du ministère. Ils y trouveront un repos nécessaire parfois à certain âge, un asile au besoin en des temps où les ministères seraient bouleversés par les crises politiques, dans tous les cas le couronnement d'une vie de travail et d'étude.

Là, comme ailleurs, la politique cessera de diriger les choix. C'est l'essentiel. On aura ainsi une magistrature absolument libre et indépendante, uniquement choisie pour le bien du service judiciaire et en dehors de toute autre préoccupation.

CHAPITRE XXIV

RÉPONSE A QUELQUES OBJECTIONS

Après ceci, mon étude est finie, et il ne me resterait plus rien à dire si je ne voulais répondre à l'avance à quelques objections que je prévois.

Ainsi je ne me dissimule pas que le président du Sénat aura ses tendances et ses préférences politiques, comme tout autre homme. Ce sera une nécessité de sa situation même. Il sera accessible aux recommandations des sénateurs qui l'auront nommé et qui devront chaque année confirmer son élévation à la présidence. Enfin la faveur aura, quoi qu'on veuille, une part dans les nominations.

Où ne trouve-t-on pas de l'engouement pour les personnes? N'en existe-t-il pas même dans

les élections? La faveur, qui est une des formes
de l'affection, existera toujours. Il en sera de
même des recommandations qui sont une
autre forme du même sentiment. La perfec-
tion n'est qu'un idéal auquel la nature humaine
ne saurait atteindre. Mais le progrès est dans
les choses possibles. Il consiste à faire mieux
ou moins mauvais que par le passé. A ce point
de vue, en dégageant le pouvoir judiciaire du
pouvoir exécutif, on aura accompli un progrès
indéniable.

Enfin il faut supposer que les sénateurs élus
par les représentants du peuple constitueront
une réunion d'hommes expérimentés et sages
qui sauront eux-mêmes choisir leur président
parmi les plus expérimentés et les plus sages.
Il y a là encore une garantie évidente de bons
choix. On sera dans tous les cas en présence
d'un mécanisme politique régulier qui exclura
le caprice et l'arbitraire tout comme la faculté
de récompenser les dévouements interlopes.

J'aborde maintenant un autre ordre d'idées
plus spécieuses.

Le Sénat n'émanera-t-il pas du suffrage

universel, comme la Chambre des Députés, et tous les inconvénients que j'ai signalés dans l'organisation actuelle ne se retrouveront-ils pas dans celle que je propose ? Ainsi le Sénat ne partagera-t-il pas aveuglément toutes les passions du pouvoir législatif qui l'aura nommé, ou bien ne présentera-t-il pas le spectacle d'un corps sorti du suffrage universel et luttant contre un autre corps de même origine ?

Sans doute le Sénat procédera du suffrage universel, dont la Chambre des Députés qui l'aura nommé est l'expression ; mais n'en est-il pas de même du pouvoir exécutif ? Tous deux n'ont-ils pas la même source ? N'est-ce pas la Première Chambre, comme représentant directement la nation, qui les choisit tous les deux ? N'admet-on pas cependant la pleine indépendance du pouvoir exécutif, puisque l'on prévoit qu'il peut lutter contre le pouvoir législatif ?

Pourquoi le Sénat n'agirait-il pas de même ? Une fois nommé, le Sénat, comme le chef de l'Etat, est inamovible et absolument libre.

C'est là sa force. Quant à être en désaccord avec le pouvoir législatif, sans doute cela pourra lui arriver. C'est le but même de son institution. Sans cela, ce ne serait plus une assemblée de contrôle devant juger entre le pouvoir législatif et le pouvoir exécutif. Il n'y a d'intervention possible que dans la pleine indépendance du troisième pouvoir chargé de départager les deux autres.

Mais pourra-t-on dire qu'alors on verra le suffrage universel divisé contre lui-même? Pas le moins du monde.

Le Sénat représente bien si l'on veut le suf-frage universel comme issu de la Chambre des Députés, qui en est la plus directe expression. Mais on peut en dire tout autant du pouvoir exécutif. Il représente aussi, à ce titre-là, le suffrage universel.

Cependant il y a une grande différence entre la manière dont le pouvoir exécutif et le Sénat normalement constitué représentent le suffrage universel et la manière dont la Chambre des Députés le représente. La Chambre des Députés représente le suffrage universel actuel, tandis que le Sénat n'en représente que la tradition. Il est, si l'on veut, l'expérience, la prudence ; mais il ne saurait se dire l'expression de la dernière volonté de la nation.

C'est à celle-ci, en somme, que dans une démocratie appartient le dernier mot dans toutes les luttes des pouvoirs publics, et c'est pour cela que le plus puissant de ces pouvoirs, celui qui, selon l'expression de Napoléon en 1808, est tout parce qu'il représente directement la nation, est précisément celui que l'on voit un moment disparaître devant les deux autres par le moyen de la dissolution. C'est qu'il reviendra bientôt retrempé dans le suffrage universel et qu'alors la décision qu'il prononcera sera la LOI, parce que ce sera la décision du pays.

La puissance donnée aux deux autres pouvoirs n'a en réalité qu'un but : permettre de consulter la nation.

Est-ce qu'en l'état actuel on ne voit pas le Sénat essayer de protester contre le dernier décret du suffrage universel comme

étant lui-même l'incarnation de ce même
suffrage exprimé au scrutin de liste et à plusieurs degrés. Le conflit persiste malgré tout.
La sagesse des hommes peut l'atténuer. Mais
la logique de l'institution ne lui permet pas
de disparaître absolument. En serait-il de
même avec un Sénat choisi comme je l'indique ? Et ce Sénat, comme le pouvoir exécutif nommé de la même façon, n'aurait-il pas
à s'incliner simplement devant la dernière
expression de la volonté nationale? Le pouvoir exécutif ne songe pas à lutter aujour-
d'hui, parce qu'il sent qu'il ne représenterait
plus qu'un passé mort. Le Sénat ramené à
son vrai rôle ferait de même.

Je vais terminer enfin par l'aveu d'une longue hésitation.

Dans l'intérêt d'une étude approfondie des
choix de la magistrature, le Chancelier ou
Garde des Sceaux, chargé des nominations, ne
pourrait-il pas être un autre sénateur que le
président du Sénat, dont les instants sont
singulièrement absorbés par les soins de la
présidence ?

Ce n'est pas impossible. Il pourrait encore être assisté d'une sorte de conseil supérieur de la magistrature choisi parmi les sénateurs.

Je crois toutefois qu'il ne faut confier une puissance aussi considérable qu'à l'homme le plus considérable du Sénat. N'est-ce pas le plus souvent le président du conseil des ministres, auquel incombent toutes les charges de la politique, qui est en même temps le ministre de la justice? Il a cependant bien d'autres attributions que n'en aura le futur Garde des Sceaux. Le titre de Président du Sénat ne peut que rehausser le prestige du chef de la magistrature, tandis que la présidence des séances sera sans inconvénieut la plupart du temps confiée à un premier vice-président.

Et, sur ce, je prends congé du lecteur, en lui demandant deux faveurs : la première, d'être bien convaincu, avant tout et surtout, que ceci est un livre de bonne foi, qu'il n'est écrit ni dans un but de critique, ni dans un but de glorification de quoi que ce soit, mais uniquement dans le but du bien public ; la seconde, de me pardonner le mauvais ordre de mes digressions que j'ai un peu semées au hasard et sans ordre selon qu'elles sont venues au courant de ma plume.

Le seul ordre que j'ai suivi a été celui de l'étude principale. Pour les détails, j'ai à m'excuser de les avoir trop négligés peut-être. Mais je me suis dit que je traitais un sujet tout viril, et je me suis rappelé ce précepte de Sénèque, pourtant si poli : *Non est ornamentum virile concinnitas.*

FIN

TABLE DES MATIÈRES

FIN DE LA TABLE DES MATIÈRES.

Coulommiers. — Typ. Paul BRODARD.

A. Véra.
ESSAIS DE PHILOSOPHIE HEGÉ-
LIENNE. 1 vol.
Beaussire.
ANTÉCÉDENTS DE L'HEGÉLIANISME
DANS LA PHILOS. FRANÇ. 1 vol.
Bost.
LE PROTESTANTISME LIBÉRAL.
1 vol.
Francisque Bouillier.
DE LA CONSCIENCE. 1 vol.
Ed. Auber.
PHILOSOPHIE DE LA MÉDECINE. 1 vol.
Leblais.
MATÉRIALISME ET SPIRITUALISME,
précédé d'une Préface par
M. E. Littré. 1 vol.
Ad. Garnier.
DE LA MORALE DANS L'ANTIQUITÉ,
précédé d'une Introduction par
M. Prévost-Paradol. 1 vol.
Schœbel.
PHILOSOPHIE DE LA RAISON PURE.
1 vol.
Tissandier.
DES SCIENCES OCCULTES ET DU
SPIRITISME. 1 vol.
Ath. Coquerel fils.
ORIGINES ET TRANSFORMATIONS DU
CHRISTIANISME. 1 vol.
LA CONSCIENCE ET LA FOI. 1 vol.
HISTOIRE DU CREDO. 1 vol.
Jules Levallois.
DÉISME ET CHRISTIANISME. 1 vol.
Camille Selden.
LA MUSIQUE EN ALLEMAGNE. Étude
sur Mendelssohn. 1 vol.
Fontanès.
LE CHRISTIANISME MODERNE. Étude
sur Lessing. 1 vol.
Mariano.
LA PHILOSOPHIE CONTEMPORAINE
EN ITALIE. 1 vol.
E. Faivre.
DE LA VARIABILITÉ DES ESPÈCES.
1 vol.
Ernest Bersot.
LIBRE PHILOSOPHIE. 1 vol.
A. Réville.
HISTOIRE DU DOGME DE LA DIVINITÉ
DE JÉSUS-CHRIST. 2e éd. 1 vol.

W. de Fonvielle.
L'ASTRONOMIE MODERNE. 1 vol.
C. Coignet.
LA MORALE INDÉPENDANTE. 1 vol.
E. Boutmy.
PHILOSOPHIE DE L'ARCHITECTURE
EN GRÈCE. 1 vol.
Et. Vacherot.
LA SCIENCE ET LA CONSCIENCE. 1 v.
Em. de Laveleye.
DES FORMES DE GOUVERNEMENT. 1 v.
Herbert Spencer.
CLASSIFICATION DES SCIENCES. 1 v.
Gauckler.
LE BEAU ET SON HISTOIRE. 1 v.
Max Müller.
LA SCIENCE DE LA RELIGION. 1 v.
Léon Dumont.
HAECKEL ET LA THÉORIE DE L'É-
VOLUTION EN ALLEMAGNE. 1 vol.
Bertauld.
L'ORDRE SOCIAL ET L'ORDRE MO-
RAL. 1 vol.
DE LA PHILOSOPHIE SOCIALE. 1 vol.
Th. Ribot.
PHILOSOPHIE DE SCHOPENHAUER. 1 v.
Al. Herzen.
PHYSIOLOGIE DE LA VOLONTÉ. 1 vol.
Bentham et Grote.
LA RELIGION NATURELLE. 1 vol.
Hartmann.
LA RELIGION DE L'AVENIR. 2e édit.
1 vol.
LE DARWINISME. 1 vol.
H. Lotze.
PSYCHOLOGIE PHYSIOLOGIQUE. 1 v.
Schopenhauer
LE LIBRE ARBITRE. 1 vol.
Liard.
LES LOGICIENS ANGLAIS. 1 vol.
Marion.
J. LOCKE. 1 vol.
O. Schmidt.
LES SCIENCES NATURELLES ET LA
PHILOSOPHIE DE L'INCONSCIENT.
1 vol.
Pi Y. Margall.
LES NATIONALITÉS. 1 vol.
Haeckel.
LA SCIENCE LIBRE ET L'ENSEIGNE-
MENT LIBRE. 1 vol.

BIBLIOTHÈQUE DE PHILOSOPHIE CONTEMPORAINE

FORMAT IN-8

Volumes à 5 fr., 7 fr. 50 et 10 fr. Cart., 1 fr. en plus par vol.; reliure, 2 fr.

JULES BARNI.

La morale dans la démocratie. 1 vol.   5 fr.

AGASSIZ.

De l'espèce et des classifications, traduit de l'anglais par M. Vogeli. 1 vol.   5 fr.

STUART MILL.

La philosophie de Hamilton, traduit de l'anglais par M. Cazelles. 1 fort vol.   10 fr.

Mes mémoires. Histoire de ma vie et de mes idées, traduit de l'anglais par M. E. Cazelles. 1 vol.   5 fr.

Système de logique déductive et inductive. Exposé des principes de la preuve et des méthodes de recherche scientifique, traduit de l'anglais par M. Louis Peisse. 2 vol.   20 fr.

Essais sur la Religion, traduits de l'anglais, par M. E. Cazelles. 1 vol.   5 fr.

DE QUATREFAGES.

Ch. Darwin et ses précurseurs français. 1 vol.   5 fr.

HERBERT SPENCER.

Les premiers principes. 1 fort vol. traduit de l'anglais par M. Cazelles.   10 fr.

Principes de psychologie, traduits de l'anglais par MM. Th. Ribot et Espinas. 2 vol.   20 fr.

Principes de biologie, traduits par M. Cazelles. 2 vol. in-8. 1877-1878.   20 fr.

Principes de sociologie. Tome Ier. 1 vol. in-8, 1878.   10 fr.

Essais sur le progrès, traduits de l'anglais par M. Burdeau. 1 vol. in-8. 1877.   7 fr. 50

Essais de politique. 1 vol. in-8, traduit par M. Burdeau.   7 fr. 50

Essais sur les sciences. 1 vol. in-8, traduit par M. Burdeau. 7 fr. 50
     (*Sous presse.*)

De l'éducation. 1 vol. in-8.   5 fr.

AUGUSTE LAUGEL.

Les problèmes (Problèmes de la nature, problèmes de la vie, problèmes de l'âme). 1 fort vol.   7 fr. 50

ÉMILE SAIGEY.

Les sciences au XVIIIe siècle, la physique de Voltaire. 1 vol.   5 fr.

PAUL JANET.

Histoire de la science politique dans ses rapports avec la morale. 2ᵉ édition, 2 vol.   20 fr.

Les causes finales. 1 vol. in-8. 1876.   10 fr.

TH. RIBOT.

De l'Hérédité. 1 vol.   10 fr.

La psychologie anglaise contemporaine. 1 vol. 2ᵉ édition. 1875.   7 fr. 50

HENRI RITTER.

Histoire de la philosophie moderne, traduction française, précédée d'une introduction par M. P. Challemel-Lacour. 3 vol.   20 fr.

ALF. FOUILLÉE.

La liberté et le déterminisme. 1 vol.   7 fr. 50

DE LAVELEYE

De la propriété et de ses formes primitives. 1 vol., 2ᵉ éd., 1877.   7 fr. 50

BAIN.

La logique inductive et déductive, traduit de l'anglais par M. Compayré. 2 vol.   20 fr.

Des sens et de l'intelligence. 1 vol. traduit de l'anglais par M. Cazelles.   10 fr.

Les émotions et la volonté. 1 fort vol.   *(Sous presse.)*

MATTHEW ARNOLD.

La crise religieuse. 1 vol. in-8. 1876.   7 fr. 50

BARDOUX.

Les légistes et leur influence sur la société française. 1 vol. in-8. 1877.   5 fr.

HARTMANN (E. DE).

La philosophie de l'inconscient, traduit de l'allemand par M. D. Nolen, avec une préface de l'auteur écrite pour l'édition française. 2 vol. in-8. 1877.   20 fr.

La philosophie allemande du XIXᵉ siècle, dans ses principaux représentants, traduit de l'allemand par M. D. Nolen. 1 vol. in-8.   *(Sous presse.)*

ESPINAS (ALF.).

Des sociétés animales. 1 vol. in-8, 2ᵉ éd., précédée d'une Introduction sur l'*Histoire de la Sociologie*, 1878.   7 fr. 50

FLINT.

La philosophie de l'histoire en France, traduit de l'anglais par M. Ludovic Carrau. 1 vol. in-8. 1878.   7 fr. 50

La philosophie de l'histoire en Allemagne, traduit de l'anglais par M. Ludovic Carrau. 1 vol. in-8, 1878.   7 fr. 50

GUYAU.

Les moralistes anglais contemporains. 1 vol. in-8. *(Sous presse.)*

LIARD.

La science positive et la métaphysique. 1 v. in-8. *(Sous presse.)*

BIBLIOTHÈQUE
D'HISTOIRE CONTEMPORAINE

Vol. in-18 à 3 fr. 50.

Vol. in-8 à 5 et 7 fr. Cart. 1 fr. en plus par vol.; relure 2 fr.

EUROPE

HISTOIRE DE L'EUROPE PENDANT LA RÉVOLUTION FRANÇAISE, par *H. de Sybel*. Traduit de l'allemand par Mlle Dosquet. 3 vol. in-8. . . 21 »
    Chaque volume séparément . . . . 7 »

FRANCE

HISTOIRE DE LA RÉVOLUTION FRANÇAISE, par *Carlyle*. Ttraduit de l'anglais. 3 vol. in-18; chaque volume. 3 50
NAPOLÉON Ier ET SON HISTORIEN M. THIERS, par *Barni*. 1 vol. in-18. 3 50
HISTOIRE DE LA RESTAURATION, par *de Rochau*. 1 vol. in-18, traduit de l'allemand. 3 50
HISTOIRE DE DIX ANS, par *Louis Blanc*. 5 vol. in-8. . . . . 25 »
    Chaque volume séparément . . . . 5 »
—— 25 planches en taille-douce. Illustrations pour l'*Histoire de dix ans*. 6 fr.
HISTOIRE DE HUIT ANS (1840-1848), par *Elias Regnault*. 3 vol. in-8.. 15 »
    Chaque volume séparément . . . . 5 »
—14 planches en taille-douce. Illustrations pour l'*Histoire de huit ans*. 4 fr.
HISTOIRE DU SECOND EMPIRE (1848-1870), par *Taxile Delord*. 6 volumes in-8. . . . . 42 »
    Chaque volume séparément . . . . 7 »
LA GUERRE DE 1870-1871, par *Boert*, d'après le colonel fédéral suisse Rustow. 1 vol. in-18. 3 50
LA FRANCE POLITIQUE ET SOCIALE, par *Aug. Laugel*. 1 volume in-8. 5 »

ANGLETERRE

HISTOIRE GOUVERNEMENTALE DE L'ANGLETERRE, DEPUIS 1770 JUSQU'A 1830, par sir *G. Cornewal Lewis*. 1 vol. in-8, traduit de l'anglais . . . . . 7 fr.
HISTOIRE DE L'ANGLETERRE depuis la reine Anne jusqu'à nos jours, par *H. Reynald*. 1 vol. in-18. . . . . 3 50
LES QUATRE GEORGES, par *Tackeray*, trad. de l'anglais par Lefoyer. 1 vol. in-18. . . . . 3 50
LA CONSTITUTION ANGLAISE, par *W. Bagehot*, traduit de l'anglais. 1 vol. in-18. . . . . 3 50
LOMBART-STREET, le marché financier en Angleterre, par *W. Bagehot*. 1 vol. in-18. . . . . 3 50
LORD PALMERSTON ET LORD RUSSEL, par *Aug. Laugel*. 1 volume in-18 (1876) 3 50

ALLEMAGNE

LA PRUSSE CONTEMPORAINE ET SES INSTITUTIONS, par *K. Hillebrand*. 1 vol. in-18. . . . . 3 5)
HISTOIRE DE LA PRUSSE, depuis la mort de Frédéric II jusqu'à la bataille de Sadowa, par *Eug. Véron*. 1 vol. in-18 . . . . 3 50
HISTOIRE DE L'ALLEMAGNE, depuis la bataille de Sadowa jusqu'à nos jours, par *Eug. Véron*. 1 vol. in-18. . . . . 3 50
L'ALLEMAGNE CONTEMPORAINE, par *Ed. Bourloton*. 1 vol. in-18. . . . 3 50

AUTRICHE-HONGRIE

HISTOIRE DE L'AUTRICHE, depuis la mort de Marie-Thérèse jusqu'à nos jours, par *L. Asseline.* 1 volume in-18 . . . . 3 50
HISTOIRE DES HONGROIS et de leur littérature politique de 1790 à 1815, par *Ed. Sayous.* 1 vol. in-18. . . . . 3 50

ESPAGNE

L'ESPAGNE CONTEMPORAINE, journal d'un voyageur, par *Louis Teste.* 1 vol. in-18. 3 50
HISTOIRE DE L'ESPAGNE, depuis la mort de Charles III jusqu'à nos jours, par *H. Reynald.* vol. in-18 . . . . 3 50

RUSSIE

LA RUSSIE CONTEMPORAINE, par *Herbert Barry*, traduit de l'anglais. 1 vol. in-18. 3 50
HISTOIRE CONTEMPORAINE DE LA RUSSIE, par M. *F. Brunetière.* 1 volume in-18. . . . . (*Sous presse.*). 3 50

SUISSE

LA SUISSE CONTEMPORAINE, par *H. Dixon.* 1 vol. in-18, traduit de l'anglais. 3 50
HISTOIRE DU PEUPLE SUISSE, par *Daendliker*, précédée d'une Introduction de M. *Jules Favre.* 1 vol. in-8. . . . . (*Sous presse.*). 5 fr.

ITALIE

HISTOIRE DE L'ITALIE, depuis 1815 jusqu'à nos jours, par *Elie Sorin.* 1 vol. in-18 . . . . (*Sous presse.*). 3 50

AMÉRIQUE

HISTOIRE DE L'AMÉRIQUE DU SUD, depuis sa conquête jusqu'à nos jours, par *Alf. Deberle.* 1 vol. in-18 . . . . 3 50
HISTOIRE DE L'AMÉRIQUE DU NORD (États-Unis, Canada, Mexique), par *Ad. Cohn.* 1 vol in-18. . . . . (*Sous presse.*)
LES ETATS-UNIS PENDANT LA GUERRE, 1861-1864. Souvenirs personnels, par *Aug. Laugel.* 1 vol. in-18. . . . . 3 50

Eug. Despois. LE VANDALISME RÉVOLUTIONNAIRE. Fondations littéraires, scientifiques et artistiques de la Convention. 1 vol. in-18. . . . . . . 3 50
Victor Meunier. SCIENCE ET DÉMOCRATIE. 2 vol. in-18, chacun séparément 3 50
Jules Barni. HISTOIRE DES IDÉES MORALES ET POLITIQUES EN FRANCE AU XVIIIᵉ SIÈCLE. 2 vol. in-18, chaque volume. 3 50
— NAPOLÉON Iᵉʳ ET SON HISTORIEN M. THIERS. 1 vol. in-18. . . . 3 50
— LES MORALISTES FRANÇAIS AU XVIIIᵉ SIÈCLE. 1 vol. in-18. . . . 3 50
Émile Montégut. LES PAYS-BAS. Impressions de voyage et d'art. 1 vol. in-18. 3 50
Émile Beaussire. LA GUERRE ÉTRANGÈRE ET LA GUERRE CIVILE. 1 vol. in-18. 3 50
J. Clamageran. LA FRANCE RÉPUBLICAINE. 1 volume in-18. . . . 3 50
E. Duvergier de Hauranne. LA RÉPUBLIQUE CONSERVATRICE. 1 vol. in-18. 3 50

BIBLIOTHÈQUE SCIENTIFIQUE
INTERNATIONALE

La *Bibliothèque scientifique internationale* n'est pas une entreprise de librairie ordinaire. C'est une œuvre dirigée par les auteurs mêmes, en vue des intérêts de la science, pour la populariser sous toutes ses formes, et faire connaître immédiatement dans le monde entier les idées originales, les directions nouvelles, les découvertes importantes qui se font chaque jour dans tous les pays. Chaque savant exposera les idées qu'il a introduites dans la science et condensera pour ainsi dire ses doctrines les plus originales.

On pourra ainsi, sans quitter la France, assister et participer au mouvement des esprits en Angleterre, en Allemagne, en Amérique, en Italie, tout aussi bien que les savants mêmes de chacun de ces pays.

La *Bibliothèque scientifique internationale* ne comprend pas seulement des ouvrages consacrés aux sciences physiques et naturelles, elle aborde aussi les sciences morales comme la philosophie, l'histoire, la politique et l'économie sociale, la haute législation, etc.; mais les livres traitant des sujets de ce genre se rattacheront encore aux sciences naturelles, en leur empruntant les méthodes d'observation et d'expérience qui les ont rendues si fécondes depuis deux siècles.

Cette collection paraît à la fois en français, en anglais, en allemand, en russe et en italien : à Paris, chez Germer Baillière et Cie ; à Londres, chez C. Kegan, Paul et Cie ; à New-York, chez Appleton ; à Leipzig, chez Brockhaus ; à Saint-Pétersbourg, chez Koropchevski et Goldsmith, et à Milan, chez Dumolard frères.

EN VENTE :

VOLUMES IN-8, CARTONNÉS A L'ANGLAISE A 6 FRANCS
Les mêmes, en demi-reliure, veau. — 10 francs.

J. TYNDALL. **Les glaciers et les transformations de l'eau**, avec figures. 1 vol. in-8. 2e édition. 6 fr.

MAREY. **La machine animale**, locomotion terrestre et aérienne, avec de nombreuses figures. 1 vol. in-8. 2e édition. 6 fr.

BAGEHOT. **Lois scientifiques du développement des nations** dans leurs rapports avec les principes de la sélection naturelle et de l'hérédité. 1 vol. in-8, 3e édition. 6 fr.

BAIN. **L'esprit et le corps**. 1 vol. in-8, 3e édition. 6 fr.

PETTIGREW. **La locomotion chez les animaux**, marche, natation. 1 vol. in-8 avec figures. 6 fr.

HERBERT SPENCER. **La science sociale**. 1 vol. in-8. 4e éd. 6 fr.

VAN BENEDEN. **Les commensaux et les parasites dans le règne animal**. 1 vol. in-8, avec figures. 2e édit. 6 fr.

O. SCHMIDT. **La descendance de l'homme et le darwinisme**. 1 vol. in-8 avec figures. 3e édition, 1878. 6 fr.

MAUDSLEY. **Le Crime et la Folie.** 1 vol. in-8. 3ᵉ édition.   6 fr.

BALFOUR STEWART. **La conservation de l'énergie,** suivie d'une étude sur la nature de la force, par *M. P. de Saint-Robert,* avec figures. 1 vol. in-8. 2ᵉ édition.   6 fr.

DRAPER. **Les conflits de la science et de la religion.** 1 vol. in-8. 5ᵉ édition, 1878.   6 fr.

SCHUTZENBERGER. **Les fermentations.** 1 vol. in-8, avec fig. 3ᵉ édition, 1878.   6 fr.

L. DUMONT. **Théorie scientifique de la sensibilité.** 1 vol. in-8. 2ᵉ édition.   6 fr.

WHITNEY. **La vie du langage.** 1 vol. in-8. 2ᵉ éd.   6 fr.

COOKE ET BERKELEY. **Les champignons.** 1 vol. in-8, avec figures. 3ᵉ édition.   6 fr.

BERNSTEIN. **Les sens.** 1 vol. in-8, avec 91 figures. 2ᵉ édit.   6 fr.

BERTHELOT. **La synthèse chimique.** 1 vol. in-8. 2ᵉ édit.   6 fr.

VOGEL. **La photographie et la chimie de la lumière,** avec 95 fig. 1 vol. in-8. 2ᵉ édit.   6 fr.

LUYS. **Le cerveau et ses fonctions,** avec figures. 1 vol. in-8, 3ᵉ édition.   6 fr.

STANLEY JEVONS. **La monnaie et le mécanisme de l'échange.** 1 vol. in-8. 2ᵉ édition.   6 fr.

FUCHS. **Les volcans.** 1 vol. in-8, avec figures dans le texte et une carte en couleur. 2ᵉ édition.   6 fr.

GÉNÉRAL BRIALMONT. **Les camps retranchés et leur rôle dans la défense des États,** avec fig. dans le texte et 2 planches hors texte.   6 fr.

DE QUATREFAGES. **L'espèce humaine.** 1 vol. in-8. 4ᵉ édition 1878.   6 fr.

BLASERNA ET HELMOLTZ. **Le son et la musique,** et *les Causes physiologiques de l'harmonie musicale.* 1 v. in-8, avec fig. 1877.   6 fr.

ROSENTHAL. **Les nerfs et les muscles.** 1 vol. in-8, avec 75 figures. 2ᵉ édition, 1878.   6 fr.

BRUCKE ET HELMHOLTZ. **Principes scientifiques des beaux-arts.** suivis de l'**Optique et la peinture,** avec 39 figures dans le texte. 1878.   6 fr.

WURTZ. **La théorie atomique.** 1 vol. in-8. 1879.   6 fr.

SECCHI (le Père). **Les étoiles.** 2 vol. in-8, avec 62 fig. dans le texte et 17 pl. en noir et en couleurs tirées hors texte. 1879.   12 fr.

OUVRAGES SUR LE POINT DE PARAITRE :

BALBIANI. **Les Infusoires.**

BROCA. **Les primates.**

É. ALGLAVE. **Les principes des constitutions politiques.**

FRIEDEL. **Les fonctions en chimie organique**

RÉCENTES PUBLICATIONS

HISTORIQUES ET PHILOSOPHIQUES

Qui ne se trouvent pas dans les Bibliothèques.

ALAUX. **La religion progressive.** 1869. 1 vol. in-18. 3 fr. 50

ARRÉAT. **Une éducation intellectuelle.** 1 vol. in-18. 2 fr. 50

AUDIFFRET-PASQUIER. **Discours devant les commissions de la réorganisation de l'armée et des marchés.** In-4.
2 fr. 50

BAUTAIN. **La philosophie morale.** 2 vol. in-8. 12 fr.

BÉNARD(Ch.). **De la Philosophie dans l'éducation classique,** 1862. 1 fort vol. in-8. 6 fr.

BERTAULD (P.-A). **Introduction à la recherche des causes premières. — De la méthode.** Tome Ier. 1 vol. in-18. 3 fr. 50

BLAIZE (A.). **Des monts-de-piété** et des banques de prêts sur gages en France et dans les divers États. 2 vol. in-8. 15 fr.

BLANCHARD. **Les métamorphoses, les mœurs et les instincts des insectes,** par M. Émile BLANCHARD, de l'Institut, professeur au Muséum d'histoire naturelle. 1 magnifique volume in-8 jésus, avec 160 figures intercalées dans le texte et 40 grandes planches hors texte. 2e édition, 1877. Prix, broché. 25 fr.
   Relié en demi-maroquin. 30 fr.

BLANQUI. **L'éternité par les astres,** hypothèse astronomique. 1872, in-8. 2 fr.

BORÉLY (J.). **Nouveau système électoral, représentation proportionnelle de la majorité et des minorités.** 1870, 1 vol. in-18 de XVIII-194 pages. 2 fr. 50

BOUCHARDAT. **Le travail,** son influence sur la santé (conférences faites aux ouvriers). 1863. 1 vol. in-18. 2 fr. 50

BOURBON DEL MONTE (François). **L'homme et les animaux,** essai de psychologie positive. 1 vol. in-8, avec 3 pl. hors texte. 5 fr.

BOURDET (Eug.). **Principe d'éducation positive,** nouvelle édition, entièrement refondue, précédée d'une préface de M. CH. ROBIN. 1 vol. in-18 (1877). 3 fr. 50

BOURDET (Eug.). **Vocabulaire des principaux termes de la philosophie positive,** avec notices biographiques appartenant au calendrier positiviste. 1 vol. in-18 (1875). 3 fr. 50

BOUTROUX. **De la contingence des lois de la nature.** In-8, 1874. 4 fr.

CADET. **Hygiène, inhumation, crémation** ou incinération des corps. 1 vol. in-18, avec figures dans le texte. 2 fr.

CARETTE (le colonel). **Études sur les temps antéhistoriques.** Première étude : *Le Langage.* 1 vol. in-8, 1878. 8 fr.

CHASLES (Philarète). **Questions du temps et problèmes d'autrefois.** Pensées sur l'histoire, la vie sociale, la littérature. 1 vol. in-18, édition de luxe. 3 fr.

CLAVEL. **La morale positive.** 1873, 1 vol. in-18. 3 fr.

CLAVEL. **Les principes au XIXe siècle.** 1 v. in-18 ,1877. 1 fr.

CONTA. **Théorie du fatalisme.** 1 vol. in-18, 1877. 4 fr.

COQUEREL (Charles). **Lettres d'un marin à sa famille.** 1870, 1 vol. in-18. 3 fr. 50

COQUEREL fils (Athanase). **Libres études** (religion, critique, histoire, beaux-arts). 1867, 1 vol. in-8. 5 fr.

COQUEREL fils (Athanase). **Pourquoi la France n'est-elle pas protestante?** Discours prononcé à Neuilly le 1er novembre 1866. 2e édition, in-8. 1 fr.

COQUEREL fils (Athanase). **La charité sans peur,** sermon en faveur des victimes des inondations, prêché à Paris le 18 novembre 1866. In-8. 75 c.

COQUEREL fils (Athanase). **Évangile et liberté,** discours d'ouverture des prédications protestantes libérales, prononcé le 8 avril 1868. In-8. 50 c.

COQUEREL fils (Athanase). **De l'éducation des filles,** réponse à Mgr l'évêque d'Orléans, discours prononcé le 3 mai 1868. In-8. 1 fr.

CORBON. **Le secret du peuple de Paris.** 1 vol. in-8. 5 fr.

CORMENIN (de)- TIMON. **Pamphlets anciens et nouveaux.** Gouvernement de Louis-Philippe, République, Second Empire. 1 beau vol. in-8 cavalier. 7 fr. 50

Conférences de la Porte-Saint-Martin pendant le siége de Paris. Discours de MM. *Desmarets* et *de Pressensé.* — Discours de M. *Coquerel,* sur les moyens de faire durer la République. — Discours de M. *Le Berquier,* sur la Commune. — Discours de M. *E. Bersier,* sur la Commune. — Discours de M. *H. Cernuschi,* sur la Légion d'honneur. In-8. 1 fr. 25

Sir G. CORNEWALL LEWIS. **Quelle est la meilleure forme de gouvernement?** Ouvrage traduit de l'anglais, précédé d'une Étude sur la vie et les travaux de l'auteur, par M. Mervoyer, docteur ès lettres. 1867, 1 vol. in-8. 3 fr. 50

CORTAMBERT (Louis). **La religion du progrès.** 1874, 1 vol. in-18. 3 fr. 50

DAURIAC (Lionel). **Des notions de force et de matière dans les sciences de la nature.** 1 vol. in-8, 1878, 5 fr.

DAVY. **Les conventionnels de l'Eure.** Buzot, Duroy, Lindet, à travers l'histoire. 2 forts vol. in-8 (1876). 18 fr.

DELAVILLE. **Cours pratique d'arboriculture fruitière** pour la région du nord de la France, avec 269 fig. In-8. 6 fr.

DELBOEUF. **La psychologie comme science naturelle.** 1 vol. in-8, 1876. 2 fr. 50

DELEUZE. Instruction pratique sur le magnétisme animal, précédée d'une Notice sur la vie de l'auteur. 1853. 1 vol. in-12. 3 fr. 50

DESJARDINS. Les jésuites et l'université devant le parlement de Paris au XVIe siècle, 1 br. in-8 (1877). 1 fr. 25

DESTREM (J.). Les déportations du Consulat. 1 br. in-8. 1 fr. 50

DOLLFUS (Ch.). De la nature humaine. 1868, 1 v. in-8. 5 fr.

DOLLFUS (Ch.). Lettres philosophiques. 3e édition. 1869, 1 vol. in-18. 3 fr. 50

DOLLFUS (Ch.). Considérations sur l'histoire. Le monde antique. 1872, 1 vol. in-8. 7 fr. 50

DOLLFUS (Ch.). L'âme dans les phénomènes de conscience. 1 vol. in-18 (1876). 3 fr.

DUBOST (Antonin). Des conditions de gouvernement en France. 1 vol. in-8 (1875). 7 fr. 50

DUFAY. Études sur la Destinée, 1 vol. in-18, 1876. 3 fr.

DUMONT (Léon). Le sentiment du gracieux. 1 vol. in-8. 3 fr.

DUMONT (Léon). Des causes du rire. 1 vol. in-8. 2 fr.

DU POTET. Manuel de l'étudiant magnétiseur. Nouvelle édition. 1868, 1 vol. in-18. 3 fr. 50

DU POTET. Traité complet de magnétisme, cours en douze leçons. 1878, 4e édition, 1 vol. de 634 pages. 8 fr.

DUPUY (Paul). Études politiques, 1874. 1 v. in-8 de 236 pages. 3 fr. 50

DUVAL-JOUVE. Traité de Logique, ou essai sur la théorie de la science, 1855. 1 vol. in-8. 6 fr.

Éléments de science sociale. Religion physique, sexuelle et naturelle. 1 vol. in-18. 3e édit., 1877. 3 fr. 50

ÉLIPHAS LÉVI. Dogme et rituel de la haute magie. 1861, 2e édit., 2 vol. in-8, avec 24 fig. 18 fr.

ÉLIPHAS LÉVI. Histoire de la magie, avec une exposition claire et précise de ses procédés, de ses rites et de ses mystères. 1860, 1 vol. in-8, avec 90 fig. 12 fr.

ÉLIPHAS LÉVI. La science des esprits, révélation du dogme secret des Kabbalistes, esprit occulte de l'Évangile, appréciation des doctrines et des phénomènes spirites. 1865, 1 v. in-8. 7 fr.

ÉLIPHAS LÉVI. Clef des grands mystères, suivant Hénoch, Abraham, Hermès Trismégiste et Salomon. 1861, 1 vol. in-8, avec 20 planches. 12 fr.

EVANS (John). Les âges de la pierre, instruments, armes et ornements de la Grande-Bretagne. 1 beau volume grand in-8, avec 467 fig. dans le texte, trad. par M. Ed. Barbier. 1878. 15 fr.
En demi-reliure. 18 fr.

FABRE (Joseph). Histoire de la philosophie. Première partie : Antiquité et moyen âge. 1 v. in-12, 1877. 3 fr. 50
Deuxième partie : Renaissance et temps modernes. (*Sous presse.*)

FAU. **Anatomie des formes du corps humain**, à l'usage des peintres et des sculpteurs. 1866, 1 vol. in-8 et atlas de 25 planches. 2e édition. Prix, fig. noires. 20 fr.; fig. coloriées. 35 fr.

FAUCONNIER. **La question sociale**, rente, intérêt, société de l'avenir. 1 fort vol. in-18, 1878. 3 fr. 50

FERBUS (N.). **La science positive du bonheur.** 1 v. in-18. 3 fr.

FERRIER (David). **Les fonctions du cerveau.** 1 vol. in-8, traduit de l'anglais. 1878, avec fig. 10 fr.

FERRON (de). **Théorie du progrès**, 2 vol. in-18. 7 fr.

FERRIÈRE (Em.). **Le darwinisme.** 1872, 1 v. in-18. 4 fr. 50

FONCIN. **Essai sur le ministère de Turgot.** 1 vol. grand in-8 (1876). 8 fr.

FOX (W.-J.). **Des idées religieuses.** 15 conférences traduites de l'anglais. 1876. 3 fr.

FRÉDÉRIQ. **Hygiène populaire.** 1 vol. in-12, 1875. 4 fr.

GASTINEAU. **Voltaire en exil.** 1 vol. in-18. 3 fr.

GÉRARD (Jules). **Maine de Biran, essai sur sa philosophie.** 1 fort vol. in-8. 1876. 10 fr.

GOUET (Amédée). **Histoire nationale de France**, d'après des documents nouveaux.

Tome I. Gaulois et Francks. — Tome II. Temps féodaux. — Tome III. Tiers état. — Tome IV. Guerre des princes. — Tome V. Renaissance. — Tome VI. Réforme. — Tome VII. Guerres de religion. (*Sous presse.*) Prix de chaque vol. in-8. 5 fr.

GUICHARD (Victor). **La liberté de penser**, fin du pouvoir spirituel. 1 vol. in-18, 2e édition, 1878. 3 fr. 50

GUILLAUME (de Moissey). **Nouveau traité des sensations.** 2 vol. in-8 (1876). 15 fr.

GUYAU. **La morale d'Épicure** et ses rapports avec les doctrines contemporaines. (Ouvrage couronné par l'Académie des sciences morales et politiques.) 1 vol. in-8. 1878. 6 fr. 50

HERZEN. **Œuvres complètes.** Tome Ier. *Récits et nouvelles.* 1874, 1 vol. in-18. 3 fr. 50

HERZEN **De l'autre Rive.** 4e édition, traduit du russe par M. Herzen fils. 1 vol. in-18. 3 fr. 50

HERZEN. **Lettres de France et d'Italie.** 1871, in-18. 3 fr. 50

ISSAURAT. **Moments perdus de Pierre-Jean**, observations, pensées, 1868, 1 vol. in-18. 3 fr.

ISSAURAT. **Les alarmes d'un père de famille**, suscitées, expliquées, justifiées et confirmées par lesdits faits et gestes de Mgr Dupanloup et autres. 1868, in-8. 1 fr.

JOZON (Paul). **Des principes de l'écriture phonétique** et des moyens d'arriver à une orthographe rationnelle et à une écriture universelle. 1 vol. in-18. 1877. 3 fr. 50

LABORDE. **Les hommes et les actes de l'insurrection de Paris** devant la psychologie morbide. Lettres à M. le docteur Moreau (de Tours). 1 vol. in-18. 2 fr. 50

LACHELIER. **Le fondement de l'induction.** 1 vol. in-8. 3 fr. 50

LACOMBE. **Mes droits**. 1869, 1 vol. in-12. 2 fr. 50

LAMBERT. **Hygiène de l'Égypte**. 1873, 1 vol. in-18. 2 fr. 50

LANGLOIS. **L'homme et la Révolution**. Huit études dédiées à P.-J. Proudhon. 1867. 2 vol. in-18. 7 fr.

LAUSSEDÁT. **La Suisse**. Études médicales et sociales. 2e édit., 1875 1 vol. in-18. 3 fr. 50

LAVELEYE (Em. de). **De l'avenir des peuples catholiques**. 1 brochure in-8. 21e édit. 1876. 25 c.

LAVERGNE (Bernard). **L'ultramontanisme et l'État**. 1 vol. in-8 (1875). 1 fr. 50

LE BERQUIER. **Le barreau moderne**. 1871, 2e édition, 1 vol. in-18. 3 fr. 50

LEDRU (Alphonse). **Organisation, attributions et responsabilité des conseils de surveillance des sociétés en commandite par actions** (loi du 24 juillet 1867). 1 vol. grand in-8 (1876). 3 fr. 50

LEDRU (Alphonse). **Des publicains et des Sociétés vectigaliennes**. 1 vol. grand in-8 (1876). 3 fr.

LEMER (Julien). **Dossier des jésuites et des libertés de l'Église gallicane**. 1 vol. in-18 (1877). 3 fr. 50

LITTRÉ. **Fragments de philosophie**. 1 vol. in-8. 1876. 8 fr.

LITTRÉ. **Application de la philosophie positive** au gouvernement des Sociétés. In-8. 3 fr. 50

LORAIN (P.). **Jenner et la vaccine**. Conférence historique. 1870, broch. in-8 de 48 pages. 1 fr. 50

LORAIN (P.). **L'assistance publique**. 1871, in-4 de 56 p. 1 fr.

LUBBOCK (sir John) **L'homme préhistorique**, étudié d'après les monuments et les costumes retrouvés dans les différents pays de l'Europe, suivi d'une Description comparée des mœurs des sauvages modernes, traduit de l'anglais par M. Ed. BARBIER, 526 figures intercalées dans le texte. 1876, 2e édition, considérablement augmentée suivie d'une conférence de M. P. BROCA sur *les Troglodytes de la Vézère*. 1 beau vol. in-8, br. 15 fr.
  Cart. riche, doré sur tranche. 18 fr.

LUBBOCK (sir John). **Les origines de la civilisation**. État primitif de l'homme et mœurs des sauvages modernes. 1877, 1 vol grand in-8 avec figures et planches hors texte. Traduit de l'anglais par M. Ed. BARBIER. 2e édition. 1877. 15 fr.
  Relié en demi-maroquin avec nerfs. 18 fr.

MAGY. **De la science et de la nature**, essai de philosophie première. 1 vol. in-8. 6 fr.

MARAIS (Aug.). **Garibaldi et l'armée des Vosges**. 1872, 1 vol. in-18. 1 fr. 50

MENIÈRE. **Cicéron médecin**, étude médico-littéraire. 1862, 1 vol. in-18. 4 fr. 50

MENIÈRE. **Les consultations de madame de Sévigné**, étude médico-littéraire. 1864, 1 vol. in-8. 3 fr.

MESMER. **Mémoires et aphorismes**, suivi des procédés de d'Eslon. Nouvelle édition, avec des notes, par J.-J.-A. RICARD. 1846, in-18. 2 fr. 50

MICHAUT (N.). **De l'imagination**. Études psychologiques. 1 vol. in-8 (1876). 5 fr.

MILSAND. **Les études classiques** et l'enseignement public. 1873, 1 vol. in-18. 3 fr. 50

MILSAND. **Le code et la liberté**. Liberté du mariage, liberté des testaments. 1865, in-8. 2 fr.

MIRON. **De la séparation du temporel et du spirituel.** 1866, in-8. 3 fr. 50

MORIN. **Du magnétisme et des sciences occultes.** 1860, 1 vol. in-8. 6 fr.

MORIN (Frédéric). **Politique et philosophie**, précédé d'une introduction de M. JULES SIMON. 1 vol. in-18. 1876. 3 fr. 50

MUNARET. **Le médecin des villes et des campagnes.** 4e édition, 1862, 1 vol. grand in-18. 4 fr. 50

NOLEN (D.). **La critique de Kant et la métaphysique de Leibniz**, histoire et théorie de leurs rapports. 1 volume in-8 (1875). 6 fr.

NOURRISSON. **Essai sur la philosophie de Bossuet.** 1 vol. in-8. 4 fr.

OGER. **Les Bonaparte** et les frontières de la France. In-18. 50 c.

OGER **La République.** 1871, brochure in-8. 50 c.

OLLÉ-LAPRUNE. **La philosophie de Malebranche.** 2 vol. in-8. 16 fr.

PARIS (comte de). **Les associations ouvrières en Angleterre** (trades-unions). 1869, 1 vol. gr. in-8. 2 fr. 50
    Édition sur papier de Chine : Broché. 12 fr.
    — Reliure de luxe. 20 fr.

PEREZ (Bernard). **Les trois premières années de l'enfant**, étude de psychologie expérimentale. 1878, 1 vol. 3 fr. 50

PÉTROZ (P.). **L'art et la critique en France** depuis 1822. 1 vol. in-18. 1875. 3 fr. 50

POEY (André). **Le positivisme.** 1 fort vol. in-12 (1876). 4 fr. 50

PUISSANT (Adolphe). **Erreurs et préjugés populaires.** 1873, 1 vol. in-18. 3 fr. 50

Recrutement des armées de terre et de mer, loi de 1872. 1 vol. in-4. 12 fr.

Réorganisation des armées active et territoriale, lois de 1873-1875. 1 vol. in-4. 18 fr.

REYMOND (William). **Histoire de l'art.** 1874, 1 vol. in-8. 5 fr.

RIBOT (Paul). **Matérialisme et spiritualisme.** 1873, in-8. 6 fr.

SALETTA. **Principe de logique positive**, ou traité de scepticisme positif. Première partie (de la connaissance en général). 1 vol. gr. in-8. 3 fr. 50

SIEGFRIED (Jules). **La misère, son histoire, ses causes, ses remèdes.** 1 vol. grand in-18 (1877).   3 fr.

SIÈREBOIS. **Autopsie de l'âme.** Identité du matérialisme et du vrai spiritualisme. 2ᵉ édit. 1873, 1 vol. in-18.   2 fr. 50

SIÈREBOIS. **La morale** fouillée dans ses fondements. Essai d'anthropodicée. 1867, 1 vol. in-8.   6 fr.

SIÈREBOIS. **Psychologie réaliste.** Étude sur les éléments réels de l'âme et de la pensée. 1 vol. in-18 (1876).   2 fr. 50

SMEE (A.). **Mon Jardin,** géologie, botanique, histoire naturelle. 1876, 1 magnifique vol. gr in-8, orné de 1300 fig. et 52 pl. hors texte, traduit de l'anglais par M. BARBIER. 1876. Broché. 15 fr.
Cartonnage riche, doré sur tranches.   20 fr.

SOREL (ALBERT). **Le traité de Paris du 20 novembre 1815.** Leçons professées à l'École libre des sciences politiques par M. Albert SOREL. 1873, 1 vol. in-8.   4 fr. 50

THULIÉ. **La folie et la loi.** 1867, 2ᵉ édit., 1 vol. in-8. 3 fr. 50

THULIÉ. **La manie raisonnante du docteur Campagne.** 1870, broch. in-8 de 132 pages.   2 fr.

TIBERGHIEN. **Les commandements de l'humanité.** 1872, 1 vol. in-18.   3 fr.

TIBERGHIEN. **Enseignement et philosophie.** In-18.   4 fr.

TISSANDIER. **Études de Théodicée.** 1869, in-8 de 270 p. 4 fr.

TISSOT. **Principes de morale,** leur caractère rationnel et universel, leur application. Ouvrage couronné par l'Institut. 1 vol. in-8.   6 fr.

VAN DER REST. **Platon et Aristote.** Essai sur les commencements de la science politique. 1 fort vol. in-8 (1876). 10 fr.

VÉRA. **Strauss. L'ancienne et la nouvelle foi.** 1873, in-8.
6 fr.

VÉRA. **Cavour et l'Église libre dans l'État libre.** 1874, in-8.   3 fr. 50

VÉRA. **L'Hegélianisme et la philosophie.** 1 vol. in-18. 1861.   3 fr. 50

VÉRA. **Mélanges philosophiques.** 1 vol. in-8, 1862.   5 fr.

VÉRA. **Platonis, Aristotelis et Hegelii de medio termino doctrina.** 1 vol. in-8. 1845.   1 fr. 50

VILLIAUMÉ. **La politique moderne,** traité complet de politique. 1873, 1 beau vol. in-8.   6 fr.

WEBER. **Histoire de la philosophie européenne.** 1871, 1 vol. in-8.   10 fr.

YUNG (EUGÈNE). **Henri IV, écrivain.** 1 vol. in-8. 1855. 5 fr.

ENQUÊTE PARLEMENTAIRE SUR LES ACTES DU GOUVERNEMENT
DE LA DEFENSE NATIONALE

DÉPOSITIONS DES TÉMOINS :

TOME PREMIER. Dépositions de MM. Thiers, maréchal Mac-Mahon, maréchal Le Bœuf, Benedetti, duc de Gramont, de Talhouët, amiral Rigault de Genouilly, baron Jérôme David, général de Palikao, Jules Brame, Dréolle, etc.

TOME II. Dépositions de MM. de Chaudordy, Laurier, Cresson, Dréo, Ranc, Rampont, Steenackers, Fernique, Robert, Schneider, Buffet, Lebreton et Hébert, Bellangé, colonel Alavoine, Gervais, Bécherelle, Robin, Muller, Boutefoy, Meyer, Clément et Simonneau, Fontaine, Jacob, Lemaire, Petetin, Guyot-Montpayroux, général Soumain, de Legge, colonel Vabre, de Crisenoy, colonel Ibos, etc.

TOME III. Dépositions militaires de MM. de Freycinet, de Serres, le général Lefort, le général Ducrot, le général Vinoy, le lieutenant de vaisseau Farcy, le commandant Amet, l'amiral Pothuau, Jean Brunet, le général de Beaufort-d'Hautpoul, le général de Valdan, le général d'Aurelle de Paladines, le général Chanzy, le général Martin des Pallières, le général de Sonis, etc.

TOME IV. Dépositions de MM. le général Bordone, Mathieu, de Laborie, Luce-Villiard, Castillon, Debusschère, Darcy, Chenet, de La Taille, Baillehache, de Grancey, L'Hermite, Pradier, Middleton, Frédéric Morin, Thoyot, le maréchal Bazaine, le général Boyer, le maréchal Canrobert, etc. Annexe à la déposition de M. Testelin note de M. le colonel Denfert, note de la Commission, etc.

TOME V. Dépositions complémentaires et réclamations. — Rapports de la préfecture de police en 1870-1871. — Circulaires, proclamations et bulletins du Gouvernement de la Défense nationale. — Suspension du tribunal de la Rochelle; rapport de M. de La Borderie; dépositions.

ANNEXE AU TOME V. Deuxième déposition de M. Cresson. Événements de Nimes, affaire d'Aïn Yagout. — Réclamations de MM. le général Bellot et Engelhart. — Note de la Commission d'enquête (1 fr.).

RAPPORTS :

TOME PREMIER. M. *Chaper*, les procès-verbaux des séances du Gouvernement de la Défense nationale. — M. *de Sugny*, les événements de Lyon sous le Gouv. de la Défense nat. — M. *de Rességuier*, les actes du Gouv. de la Défense nat. dans le sud-ouest de la France.

TOME II. M. *Saint-Marc Girardin*, la chute du second Empire. — M. *de Sugny*, les événements de Marseille sous le Gouv. de la Défense nat.

TOME III. M. *le comte Daru*, la politique du Gouvernement de la Défense nationale à Paris.

TOME IV. M. *Chaper*, de la Défense nat. au point de vue militaire à Paris.

TOME V. *Boreau-Lajanadie*, l'emprunt Morgan. — M. *de la Borderie*, le camp de Conlie et l'armée de Bretagne. — M. *de la Sicotière*, l'affaire de Dreux.

TOME VI. M. *de Rainneville*, les actes diplomatiques du Gouv. de la Défense nat. — M. *A. Lallié*, les postes et les télégraphes pendant la guerre. — M. *Delsol*. la ligne du Sud-Ouest. — M. *Perrot*, la défense en province. (1re partie.)

TOME VII. M. *Perrot*, les actes militaires du Gouv. la Défense nat. en province (2e partie : Expédition de l'Est).

TOME VIII. M. *de la Sicotière*, sur l'Algérie.

TOME IX. Algérie, dépositions des témoins. Table générale et analytique des dépositions des témoins avec renvoi aux rapports (10 fr.).

TOME X. M. *Boreau-Lajanadie*, le Gouvernement de la Défense nationale à Tours et à Bordeaux. (5 fr.).

PIÈCES JUSTIFICATIVES :

TOME PREMIER. Dépêches télégraphiques officielles, première partie.

TOME DEUXIÈME. Dépêches télégraphiques officielles, deuxième partie. — Pièces justificatives du rapport de M. Saint-Marc Girardin.

PRIX DE CHAQUE VOLUME. . . . . **15 fr.**

PRIX DE L'ENQUÊTE COMPLÈTE EN 18 VOLUMES. . . . **241 fr.**

**Rapports sur les actes du Gouvernement de la Défense
nationale, se vendant séparément :**

DE RESSÉGUIER. — Toulouse sous le Gouv. de la Défense nat. In-4.   2 fr. 50
SAINT-MARC GIRARDIN. — La chute du second Empire. In-4.   4 fr. 50
Pièces justificatives du rapport de M. Saint-Marc Girardin. 1 vol. in-4.   5 fr.
DE SUGNY. — Marseille sous le Gouv. de la Défense nat. In-4.   10 fr.
DE SUGNY. — Lyon sous le Gouv. de la Défense nat. In-4.   7 fr.
DARU. — La politique du Gouv. de la Défense nat. à Paris. In-4.   15 fr.
CHAPER. — Le Gouv. de la Défense à Paris au point de vue militaire. In-4.   15 fr.
CHAPER. — Procès-verbaux des séances du Gouv. de la Défense nat. In-4.   5 fr.
BOREAU-LAJANADIE. — L'emprunt Morgan. In-4.   4 fr. 50
DE LA BORDERIE. — Le camp de Conlie et l'armée de Bretagne. In-4.   10 fr.
DE LA SICOTIÈRE. — L'affaire de Dreux. In-4.   2 fr. 50
DE LA SICOTIÈRE. — L'Algérie sous le Gouvernement de la Défense nationale.
   2 vol. in-4.   22 fr.
DE RAINNEVILLE. Actes diplomatiques du Gouv. de la Défense nat. 1 vol.
   in-4.   3 fr. 50
LALLIÉ. Les postes et les télégraphes pendant la guerre. 1 vol. in-4.   1 fr. 50
DELSOL. La ligue du Sud-Ouest. 1 vol. in-4.   1 fr. 50
PERROT. Le Gouvernement de la Défense nationale en province. 2 vol. in-4. 25 fr.
BOREAU-LAJANADIE. Rapport sur les actes de la Délégation du Gouver-
   nement de la Défense nationale à Tours et à Bordeaux. 1 vol. in-4.   5 fr.
Dépêches télégraphiques officielles. 2 vol. in-4.   25 fr.
Procès-verbaux de la Commune. 1 vol. in-4.   5 fr.
Table générale et analytique des dépositions des témoins. 1 vol. in-4.   3 fr. 50

LES ACTES DU GOUVERNEMENT

DE LA

DÉFENSE NATIONALE

(DU 4 SEPTEMBRE 1870 AU 8 FÉVRIER 1871)

ENQUÊTE PARLEMENTAIRE FAITE PAR L'ASSEMBLÉE NATIONALE
RAPPORTS DE LA COMMISSION ET DES SOUS-COMMISSIONS
TÉLÉGRAMMES
PIÈCES DIVERSES — DÉPOSITIONS DES TÉMOINS — PIÈCES JUSTIFICATIVES
TABLES ANALYTIQUE, GÉNÉRALE ET NOMINATIVE

7 forts volumes in-4. — Chaque volume séparément 16 fr.
L'ouvrage complet en 7 volumes : 112 fr.

*Cette édition populaire réunit, en sept volumes avec une Table analytique
par volume, tous les documents distribués à l'Assemblée nationale. —
Une Table générale et nominative termine le 7ᵉ volume.*

ENQUÊTE PARLEMENTAIRE

SUR

L'INSURRECTION DU 18 MARS

1° RAPPORTS. — 2° DÉPOSITIONS de MM. Thiers, maréchal Mac-Mahon, général
Trochu, J. Favre, Ernest Picard, J. Ferry, général Le Flô, général Vinoy, colonel
Lambert, colonel Gaillard, général Appert, Floquet, général Cremer, amiral Saisset,
Schœlcher, amiral Pothuau, colonel Langlois, etc. — 3° PIÈCES JUSTIFICATIVES.
1 vol. grand in-4°. — Prix : 16 fr.

ŒUVRES
DE
EDGAR QUINET

Chaque volume se vend séparément

Édition in-8 . . . . 6 fr. | Édition in-18 . . . . . 3 fr. 50

I. — Génie des Religions. — De l'origine des Dieux. (Nouvelle édition.)
II. — Les Jésuites. — L'Ultramontanisme. — Introduction à la Philosophie de l'histoire de l'Humanité. (Nouvelle édition, avec préface inédite).
III. — Le Christianisme et la Révolution française. Examen de la Vie de Jésus-Christ, par STRAUSS. — Philosophie de l'histoire de France. (Nouvelle édition.)
IV. — Les Révolutions d'Italie. (Nouvelle édition.)
V. — Marnix de Sainte-Aldegonde. — La Grèce moderne et ses rapports avec l'Antiquité.
VI. — Les Romains. — Allemagne et Italie. — Mélanges.
VII. — Ashavérus. — Les Tablettes du Juif errant.
VIII. — Prométhée. — Les Esclaves.
IX. — Mes Vacances en Espagne. — De l'Histoire de la Poésie. — Des Epopées françaises inédites du XIIe siècle.
X. — Histoire de mes idées. — 1815 et 1840. — Avertissement au pays. — La France et la Sainte-Alliance en Portugal. — Œuvres diverses.
XI. — L'Enseignement du peuple. — La Révolution religieuse au XIXe siècle. — La Croisade romaine. — Le Panthéon. — Plébiscite et Concile. — Aux Paysans.

Viennent de paraître :

Correspondance. Lettres à sa mère. 2 vol. in-18 . . . . · 7   »

Les mêmes. 2 vol. in-8 12   »

La révolution. 3 vol. in-18 . . . . 10 50

La campagne de 1815. 1 vol. in-18 . . . . 3 50

Merlin, l'enchanteur, avec une préface nouvelle, notes et commentaires, 1 vol. in-18.   7 fr.
ou 2 vol. in-8.   12 fr.

LOUIS BLANC

HISTOIRE DE DIX ANS
(1830-1840)
12e ÉDITION.

5 beaux volumes in-8 . . . . 25 fr.

Chaque volume se vend séparément, 5 fr.

ÉLIAS REGNAULT

HISTOIRE DE HUIT ANS
(1840-1848)
4e ÉDITION.

3 beaux vol. in-8 . . . . 15 fr.

Chaque volume se vend séparément . . . . 5 fr.

L'*Histoire de Dix ans* et l'*Histoire de Huit ans* réunies comprennent : l'Histoire de la Révolution de 1830 et le règne de Louis-Philippe Ier jusqu'à la Révolution de 1848.

BIBLIOTHÈQUE UTILE

LISTE DES OUVRAGES PAR ORDRE DE MATIÈRES
Vol. in-32, de 190 pages, à 60 centimes.

I. — HISTOIRE DE FRANCE

Buchez. Les Mérovingiens.
Buchez. Les Carlovingiens.
J. Bastide. Luttes religieuses des premiers siècles.
J. Bastide. Les Guerres de la réforme.
F. Morin. La France au Moyen âge.
Fréd. Lock. Jeanne d'Arc.
Eug. Pelletan. Décadence de la monarchie française.
Carnot. La Révolution française, 2 vol.
Fréd. Lock. Histoire de la Restauration.
Alf. Donneaud. Histoire de la marine française.

II. — PAYS ÉTRANGERS.

E. Raymond. L'Espagne et le Portugal.
L. Collas. Histoire de l'empire ottoman.
L. Combes. La Grèce ancienne.
A. Ott. L'Asie occidentale et l'Egypte.
A. Ott. L'Inde et la Chine.
Ch. Rolland. Histoire de la maison d'Autriche.
Eug. Despois. Les Révolutions d'Angleterre.

III. — PHILOSOPHIE.

Enfantin. La Vie Éternelle.
Eug. Noël. Voltaire et Rousseau.
Léon Brothier. Histoire populaire de la philosophie.
Victor Meunier. La Philosophie zoologique.

IV. — DROIT.

Morin. La Loi civile en France.
G. Jourdan. La Justice criminelle en France.

V. — SCIENCES.

Benj. Gastineau. Le Génie de la science.
Zurcher et Margollé. Télescope et Microscope.
Zurcher. Les Phénomènes de l'atmosphère.
Morand. Introduction à l'étude des sciences physiques.
Cruveilher. Hygiène générale.
Brothier. Causeries sur la mécanique.
Brothier. Histoire de la terre.
Sanson. Principaux Faits de la chimie.
Turck. Médecine populaire.
Catalan. Notions d'astronomie.
E. Margollé. Les Phénomènes de la mer.
Ch. Richard. Origines et Fins des mondes.
Zaborowski. L'Homme préhistorique.
H. Blerzy. Torrents, Fleuves et Canaux de la France.
P. Secchi, Wolf et Briot. Le Soleil, les Étoiles et les Comètes.
Em. Ferrière. Le Darwinisme.

VI. — ENSEIGNEMENT. — ÉCONOMIE POLITIQUE. — ARTS.

Corbon. L'Enseignement professionnel.
Cristal Les Délassements du travail.
Leneveux. Le Budget du foyer.
Laurent Pichat. L'Art et les Artistes en France.
Stanley Jevons. L'Économie politique, traduit de l'anglais, par H. Gravez.

REVUE	REVUE
Politique et Littéraire	**Scientifique**
(Revue des cours littéraires, 2ᵉ série.)	(Revue des cours scientifiques, 2e série.)

Directeurs : MM. Eug. YUNG et Ém. ALGLAVE

La septième année de la **Revue des Cours littéraires** et de la **Revue des Cours scientifiques**, terminée à la fin de juin 1871, clôt la première série de cette publication.

La deuxième série a commencé le 1ᵉʳ juillet 1871, et depuis cette époque chacune des années de la collection commence à cette date. Des modifications importantes ont été introduites dans ces deux publications.

REVUE POLITIQUE ET LITTÉRAIRE

La *Revue politique* continue à donner une place aussi large à la littérature, à l'histoire, à la philosophie, etc., mais elle a agrandi son cadre, afin de pouvoir aborder en même temps la politique et les questions sociales. En conséquence, elle a augmenté de moitié le nombre des colonnes de chaque numéro (48 colonnes au lieu de 32).

Chacun des numéros, paraissant le samedi, contient régulièrement :

Une *Semaine politique* et une *Causerie politique*, où sont appréciés, à un point de vue plus général que ne peuvent le faire les journaux quotidiens, les faits qui se produisent dans la politique intérieure de la France, discussions de l'Assemblée, etc.

Une *Causerie littéraire* où sont annoncés, analysés et jugés les ouvrages récemment parus : livres, brochures, pièces de théâtre importantes, etc.

Tous les mois la *Revue politique* publie un *Bulletin géographique* qui expose les découvertes les plus récentes et apprécie les ouvrages géographiques nouveaux de la France et de l'étranger. Nous n'avons pas besoin d'insister sur l'importance extrême qu'a prise la géographie depuis que les Allemands en ont fait un instrument de conquête et de domination.

De temps en temps une *Revue diplomatique* explique, au point de vue français, les événements importants survenus dans les autres pays.

On accusait avec raison les Français de ne pas observer avec assez d'attention ce qui se passe à l'étranger. La *Revue* remédie à ce défaut. Elle analyse et traduit les livres, articles, discours ou conférences qui ont pour auteurs les hommes les plus éminents des divers pays.

Comme au temps où ce recueil s'appelait *la Revue des cours littéraires* (1864-1870), il continue à publier les principales leçons du Collége de France, de la Sorbonne et des Facultés des départements.

Les ouvrages importants sont analysés, avec citations et extraits, dès le lendemain de leur apparition. En outre, la *Revue politique* publie des articles spéciaux sur toute question que recommandent à l'attention des lecteurs, soit un intérêt public, soit des recherches nouvelles.

Parmi les collaborateurs nous citerons :

Articles politiques. — MM. de Pressensé, Ch. Bigot, Anat. Dunoyer, Anatole Leroy-Beaulieu, Clamageran.

Diplomatie et pays étrangers. — MM. Van den Berg, Albert Sorel, Reynald, Léo Quesnel, Louis Leger, Jezierski.

Philosophie. — MM. Janet, Caro, Ch. Lévêque, Véra, Th. Ribot, E. Boutroux, Nolen, Huxley.

Morale. — MM. Ad. Franck, Laboulaye, Legouvé, Bluntschli.

Philologie et archéologie. — MM. Max Müller, Eugène Benoist, L. Havet, E. Ritter, Maspéro, George Smith.

Littérature ancienne. — MM. Egger, Havet, George Perrot, Gaston Boissier, Geffroy.

Littérature française. — MM. Ch. Nisard, Lenient, L. de Loménie, Édouard Fournier, Bersier, Gidel, Jules Claretie, Paul Albert.

Littérature étrangère. — MM. Mézières, Büchner, P. Stapfer.

Histoire. — MM. Alf. Maury, Littré, Alf. Rambaud, G. Monod.

Géographie, Economie politique. — MM. Levasseur, Himly, Vidal-Lablache, Gaidoz, Alglave.

Instruction publique. — Madame C. Coignet, MM. Buisson, Em. Beaussire.

Beaux-arts. — MM. Gebhart, Justi, Schnaase, Vischer, Ch. Bigot.

Critique littéraire. — MM. Maxime Gaucher, Paul Albert.

Ainsi la *Revue politique* embrasse tous les sujets. Elle consacre à chacun une place proportionnée à son importance. Elle est, pour ainsi dire, une image vivante, animée et fidèle de tout le mouvement contemporain.

REVUE SCIENTIFIQUE

Mettre la science à la portée de tous les gens éclairés sans l'abaisser ni la fausser, et, pour cela, exposer les grandes découvertes et les grandes théories scientifiques par leurs auteurs mêmes ;

Suivre le mouvement des idées philosophiques dans le monde savant de tous les pays,

Tel est le double but que la *Revue scientifique* poursuit depuis dix ans avec un succès qui l'a placée au premier rang des publications scientifiques d'Europe et d'Amérique.

Pour réaliser ce programme, elle devait s'adresser d'abord aux Facultés françaises et aux Universités étrangères qui comptent dans leur sein presque tous les hommes de science éminents. Mais, depuis deux années déjà, elle a élargi son cadre afin d'y faire entrer de nouvelles matières.

En laissant toujours la première place à l'enseignement supérieur proprement dit, la *Revue scientifique* ne se restreint plus désormais aux leçons et aux conférences. Elle poursuit tous les développements de la science sur le terrain économique, industriel, militaire et politique.

Elle publie les principales leçons faites au Collège de France, au Muséum d'histoire naturelle de Paris, à la Sorbonne, à l'Institution royale de Londres, dans les Facultés de France, les universités d'Allemagne, d'Angleterre, d'Italie, de Suisse, d'Amérique, et les institutions libres de tous les pays.

Elle analyse les travaux des Sociétés savantes d'Europe et d'Amérique, des Académies des sciences de Paris, Vienne, Berlin, Munich, etc., des Sociétés royales de Londres et d'Édimbourg, des Sociétés d'anthropologie, de géographie, de chimie, de botanique, de géologie, d'astronomie, de médecine, etc.

Elle expose les travaux des grands congrès scientifiques, les Associations *française, britannique* et *américaine*, le Congrès des naturalistes allemands, la Société helvétique des sciences naturelles, les congrès internationaux d'anthropologie préhistorique, etc.

Enfin, elle publie des articles sur les grandes questions de philosophie naturelle, les rapports de la science avec la politique, l'industrie et l'économie sociale, l'organisation scientifique des divers pays, les sciences économiques et militaires, etc.

Parmi les collaborateurs nous citerons :

Astronomie, météorologie. — MM. Faye, Balfour-Stewart, Janssen, Normann Lockyer, Vogel, Laussedat, Thomson, Rayet, Secchi, Briot, A. Herschel, etc.

Physique. — MM. Helmholtz, Tyndall, Desains, Mascart, Carpenter, Gladstone, Fernet, Bertin.

Chimie. — MM. Wurtz, Berthelot, H. Sainte-Claire Deville, Pasteur, Grimaux, Jungfleisch, Odling, Dumas, Troost, Peligot, Cahours, Friedel, Frankland.

Géologie. — MM. Hébert, Bleicher, Fouqué, Gaudry, Ramsay, Sterry-Hunt, Contejean, Zittel, Wallace, Lory, Lyell, Daubrée.

Zoologie. — MM. Agassiz, Darwin, Haeckel, Milne Edwards, Perrier, P. Bert, Van Beneden, Lacaze-Duthiers, Giard, A. Moreau, E. Blanchard,

Anthropologie. — MM. Broca, de Quatrefages, Darwin, de Mortillet, Virchow, Lubbock, K. Vogt.

Botanique. — MM. Baillon, Cornu, Faivre, Spring, Chatin, Van Tieghem, Duchartre.

Physiologie, anatomie. — MM. Chauveau, Charcot, Moleschott, Onimus, Ritter, Rosenthal, Wundt, Pouchet, Ch. Robin, Vulpian, Virchow, P. Bert, du Bois-Reymond, Helmholtz, Marey, Brücke.

Médecine. — MM. Chauffard, Chauveau, Cornil, Gubler, Le Fort, Verneuil, Broca, Liebreich, Lasègue, G. Sée, Bouley, Giraud-Teulon, Bouchardat, Lépine.

Sciences militaires. — MM. Laussedat, Le Fort, Abel, Jervois, Morin, Noble, Reed, Usquin, X***.

Philosophie scientifique. — MM. Alglave, Bagehot, Carpenter, Hartmann, Herbert Spencer, Lubbock, Tyndall, Gavarret, Ludwig, Ribot.

Prix d'abonnement :

Une seule Revue séparément			Les deux Revues ensemble		
	Six mois.	Un an.		Six mois.	Un an.
Paris	12ᶠ	20ᶠ	Paris	20ᶠ	36
Départements.	15	25	Départements.	25	42
Étranger	18	30	Étranger	30	50

L'abonnement part du 1ᵉʳ juillet, du 1ᵉʳ octobre, du 1ᵉʳ janvier et du 1ᵉʳ avril de chaque année.

Chaque volume de la première série se vend : broché . . . . . .   15 fr.

relié . . . .   20 fr.

Chaque année de la 2ᵉ série, formant 2 vol., se vend : broché . .   20 fr.

relié . . . .   25 fr.

Port des volumes à la charge du destinataire.

Prix de la collection de la première série :

Prix de la collection complète de la *Revue des cours littéraires* ou de la *Revue des cours scientifiques* (1864-1870), 7 vol. in-4.   105 fr.

Prix de la collection complète des deux *Revues* prises en même temps, 14 vol. in-4. . . . .   182 fr.

Prix de la collection complète des deux séries :

Revue des cours littéraires et *Revue politique et littéraire*, ou *Revue des cours scientifiques* et *Revue scientifique* (décembre 1863 — janvier 1879), 22 vol. in-4. . . . .   255 fr.

La *Revue des cours littéraires* et la *Revue politique et littéraire*, avec la *Revue des cours scientifiques* et la *Revue scientifique*, 44 volumes in-4 . . . .   452 fr.

REVUE PHILOSOPHIQUE
DE LA FRANCE ET DE L'ÉTRANGER
Paraissant tous les mois
DIRIGÉE
Par TH. RIBOT
Agrégé de philosophie, Docteur ès lettres

La REVUE PHILOSOPHIQUE paraît tous les mois, depuis le 1er janvier 1876, par livraisons de 6 à 7 feuilles grand in-8, et forme ainsi à la fin de chaque année deux forts volumes d'environ 680 pages chacun.

CHAQUE NUMÉRO DE LA REVUE CONTIENT :

1º Plusieurs articles de fond ; 2º des analyses et comptes rendus des nouveaux ouvrages philosophiques français et étrangers ; 3º un compte rendu aussi complet que possible des *publications périodiques* de l'étranger pour tout ce qui concerne la philosophie ; 4º des notes, documents, observations, pouvant servir de matériaux ou donner lieu à des vues nouvelles.

Prix d'abonnement :

Un an, pour Paris..................................... 30 fr.
— pour les départements et l'étranger........ 33 fr.
La livraison .... 3 fr.

REVUE HISTORIQUE
Paraissant tous les deux mois
DIRIGÉE

Par MM. GABRIEL MONOD et GUSTAVE FAGNIEZ

La REVUE HISTORIQUE paraît tous les deux mois, depuis le 1er janvier 1876, par livraisons grand in-8 de 15 à 16 feuilles, de manière à former à la fin de l'année deux beaux volumes de 900 p. chacun.

CHAQUE LIVRAISON CONTIENT :

I. Plusieurs *articles de fond*, comprenant chacun, s'il est possible, un travail complet. II. Des *Mélanges et Variétés*, composés de documents inédits d'une étendue restreinte et de courtes notices sur des points d'histoire curieux ou mal connus. III. Un *Bulletin historique* de la France et de l'étranger, fournissant des renseignements aussi complets que possible sur tout ce qui touche aux études historiques. IV. Une *analyse des publications périodiques* de la France et de l'étranger, au point de vue des études historiques. V. Des *Comptes rendus critiques* des livres d'histoire nouveaux.

Prix d'abonnement :

Un an, pour Paris..................................... 30 fr.
— pour les départements et l'étranger........ 33 fr.
La livraison... 6 fr.

PARIS. — IMPRIMERIE E. MARTINET, RUE MIGNON, 2